IRE
562

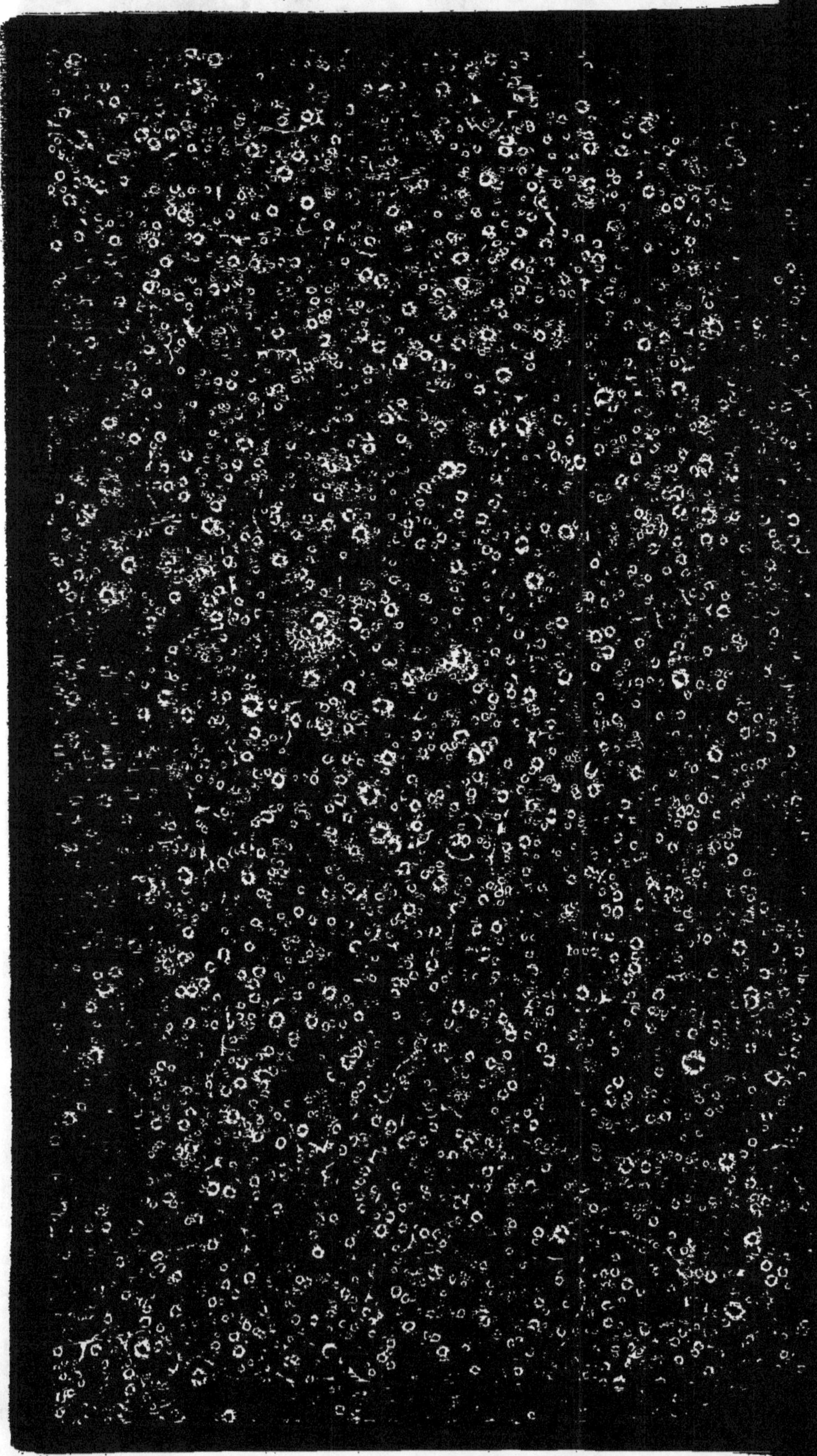

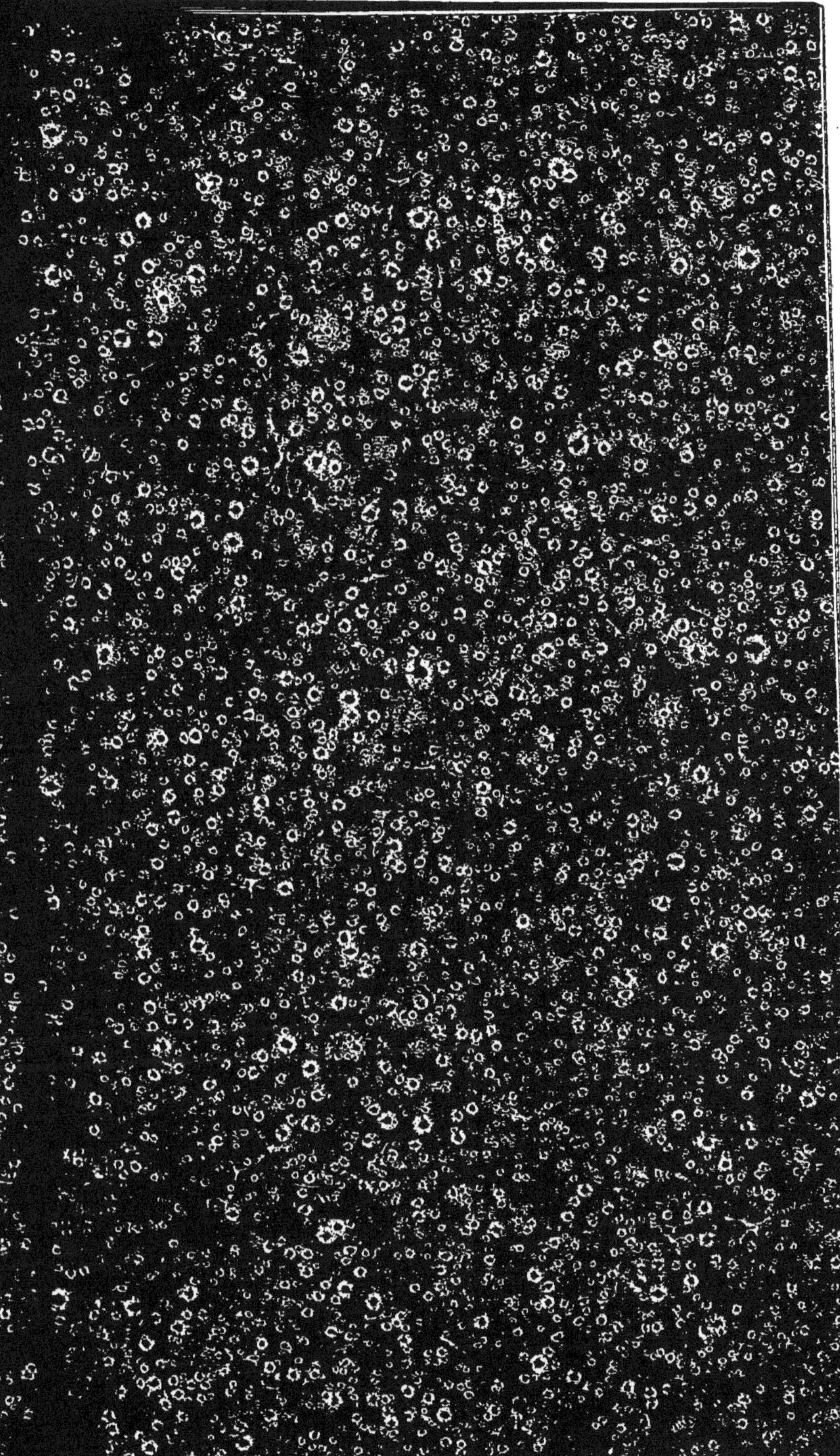

LA
PUISSANCE PATERNELLE
EN FRANCE.

DE L'IMPRIMERIE DE DENUGON.

LA

PUISSANCE PATERNELLE

EN FRANCE,

MISE EN RAPPORT AVEC LES INTÉRÊTS DE LA SOCIÉTÉ.

ESSAI SUR L'ADULTÈRE

Considéré dans ses rapports avec nos lois et avec nos mœurs.

PAR M. A. T. DESQUIRON.

> Une fièvre incurable agite le monde entier : les forts en ressentent l'ardeur et les faibles le frisson. BOUFFLERS.

PARIS,

A EYMERY, LIBRAIRE, RUE MAZARINE, n° 30.

Et GIRAUD et GUIEN, Libraires, boulev. Montmartre, n° 23.

1821.

AVERTISSEMENT.

Ce siècle est le siècle des lumières, et il pourrait devenir celui des améliorations, si la voix de la sagesse était écoutée. Mais, hélas! la fureur des partis nous entraîne : *les hommes à priviléges* soutiennent que tout est mal, et que par conséquent il faut tout détruire; *les hommes nouveaux*, au contraire, soutiennent que tout est bien, et que par suite il serait dangereux d'innover.

Au milieu de ce concert universel d'anathèmes et de bénédictions, ma faible voix sera-t-elle entendue?

voudra-t-on bien prêter l'oreille aux accens de la vérité?

Etranger au monde et aux agitations politiques, j'ai long-temps médité sur l'origine, les progrès et les effets de la puissance paternelle, et après un profond examen des caractères particuliers de notre législation sur cette grave matière, j'ai dû reconnaître qu'à cet égard le Code civil renfermait en lui-même la plus forte somme de bien qu'il était possible d'atteindre, par rapport à notre temps, et plus particulièrement par rapport à nos mœurs.

J'en étais à ce point de mes méditations lorsque de la tribune nationale retentirent des plaintes amères; on prédit un bouleversement général, un désordre horrible dans la société, et on ne craignit pas d'attribuer trente ans de malheurs à l'état d'avilissement où était tombée la puissance des pères.

J'écoutai l'accusation, je pesai toutes les charges et je me résolus à répondre en développant l'entier système de notre législation sur la puissance paternelle.

Telle est l'histoire du faible opuscule que j'offre au public. Heureux mille fois, si je puis persuader aux esprits sages et modérés que le mieux est toujours l'ennemi du bien.

M

D
e

cc
T
cu

les
l'é
co

LA PUISSANCE
PATERNELLE
EN FRANCE,

MISE EN RAPPORT AVEC LES INTÉRÊTS DE LA SOCIÉTÉ.

TITRE PREMIER.

De l'origine de la puissance paternelle et de ses progrès jusqu'à nos jours.

1. Le premier état de l'homme est celui où il se trouve placé par la main du Tout-Puissant, indépendamment d'aucun fait humain.

Cet état se nomme originaire.

2. Le second état primitif est celui où les hommes se trouvent placés les uns à l'égard des autres. Ils ont tous une nature commune, ils habitent la même terre,

jouissent des mêmes facultés et des mêmes inclinations, et ce n'est que par des secours mutuels qu'ils peuvent se procurer une existence agréable et tranquille.

Tel est l'état de société.

3. L'état opposé à celui de société est celui où se trouverait l'homme s'il vivait seul, abandonné à lui-même, et destitué de tout commerce avec ses semblables.

Cet état est nommé solitude.

4. Telle est la constitution naturelle de l'homme qu'il ne saurait se conserver par lui-même, et par la force de son tempérament; dans tous les âges, il a besoin de plusieurs secours extérieurs, pour se nourrir et réparer ses forces. La nature le jette nu sur la terre; mère du reste des animaux, elle est marâtre envers l'homme; tous les biens sont le prix de ses travaux; ces alimens qui soutiennent son existence, ces vêtemens qui le mettent à l'abri des injures de l'air, ces commerces qui éclairent et dirigent les

arts, ces arts utiles ou agréables qui l'enrichissent ou le consolent : tout est le fruit des soins, et des veilles de ceux qui l'ont précédé dans la pénible carrière de la vie.

5. Le premier état de l'homme est donc un état d'indigence et de besoins toujours renaissans.

C'est par l'usage seul de sa liberté qu'il peut donner une face nouvelle à la vie humaine; et c'est du désir d'apporter des modifications à son premier état que se forment les états accessoires ou adventifs dans lesquels il se trouve placé par son propre fait.

6. Le premier de ces états est celui de famille.

La famille commence par le mariage, et c'est la nature elle-même qui invite les hommes à cette union...

De cet état naissent diverses relations ; celles de mari et de femme, de frère et de sœur, de père, de mère et d'enfans.

7. Le second état accessoire de

l'homme est sa dépendance naturelle de son père et de sa mère, et cette dépendance est prise de sa faiblesse et de son impuissance en naissant.

8. Cicéron disait de la défense de soi-même.

Est hæc non scripta, sed nata lex, quam non didicimus, accepimus, legimus; verùm ex naturâ ipsâ arripuimus, hausimus; ad quam non docti, sed facti, non instituti, sed imbuti sumus.

9. A notre tour nous pouvons dire de la puissance paternelle:

Ce n'est pas une loi qui nous vienne des hommes, nous ne l'avons pas apprise, nous ne l'avons lue nulle part; c'est la nature qui l'a mise au-dedans de nous, c'est un rapport qu'elle a établi elle-même entre le père et le fils; c'est un sentiment né avec eux et qui soumet invinciblement l'un à l'autre.

10. Il semble d'abord que la puissance paternelle ne doit être exercée que

par le père, mais en y réfléchissant de plus près, il est facile de se convaincre que les mères ont un droit et un pouvoir égal à celui des pères.

Honora patrem tuum et matrem tuam, disent les lois divines. Et ce texte, le seul peut-être que nous puissions consulter ici, n'établit aucune distinction entre le père et la mère; d'où il faut conclure que tous deux ont une espèce de domination et de juridiction sur leurs enfans, à la différence cependant que l'autorité des mères est subordonnée à celle des pères. Ce motif est pris de la prééminence du sexe masculin.

11. Il est digne de remarque que la puissance paternelle n'est pas *arbitraire*, car elle appartient si peu au père et à la mère par quelques droits particuliers de la nature, qu'ils ne l'ont qu'en qualité de gardiens et de gouverneurs de leurs enfans. En sorte que lorsqu'ils les abandonnent en se dépouillant de la tendresse paternelle, ils perdent leur pouvoir sur eux, pouvoir qui était inséparablement

uni aux soins qu'ils prenaient de les nourrir et de les élever.

Toutefois, dans ce cas s'ils perdent le principal effet de leur puissance, les enfans ne seront pas dispensés du devoir d'honneur et de respect qu'ils doivent à l'auteur de leurs jours, parce que rien ne peut l'abolir ni le diminuer pendant le cours entier de leur vie.

On conçoit que nous nommons ici *respect honneur*, ce que les Romains appelaient PIÉTÉ.

12. L'autorité paternelle est, de toutes les autorités, celle dont on a abusé le moins dans les pays où les mœurs faisaient de meilleurs citoyens que les lois. C'est la plus sacrée de toutes les magistratures; c'est la seule qui ne dépende pas des conventions, la seule qui les ait précédées.

13. Qu'on ne pense pas, au reste, que le droit naturel seul ait investi les pères et mères d'une puissance sur leurs enfans.

Le droit des gens et le droit divin y ont également concouru.

En effet, il n'existe pas de nation qui n'ait accordé aux pères et mères quelque autorité sur la personne de leurs enfans, et une autorité plus ou moins étendue, selon que les peuples se sont plus ou moins conformés à la loi naturelle.

Le droit divin est venu fortifier ensuite ces principes; il a commandé aux enfans d'aimer et d'honorer leurs pères et mères; ce qui suppose que ceux-ci tiennent, du père commun des hommes, une autorité sur leurs enfans.

14. Il est à considérer que les enfans ne restent pas toujours dans le même état, et que, par suite de ce que l'homme a ses différens âges, l'autorité des pères et des mères doit avoir ses différens degrés.

Nous naissons faibles, a dit élégamment l'un de nos orateurs célèbres, assiégés par les maladies et les besoins; la nature a voulu que, dans ce premier âge, celui de l'enfance, le père et la mère eussent, sur leurs enfans, une puissance entière, qui est toute de défense et de protection.

Dans le second âge, vers l'époque de la puberté, l'enfant a déjà observé, réfléchi; mais c'est à ce moment même, où l'esprit commence à déployer ses ailes, où nulle expérience n'a formé le jugement; c'est à ce moment où, faisant les premiers pas dans la vie, livré sans défense à toutes les passions qui s'emparent de son cœur, vivant de désirs, exagérant ses espérances, il s'aveugle sur les obstacles, qu'il a surtout besoin qu'une main ferme le protège contre ses nouveaux ennemis, le dirige à travers ces écueils, dompte ou modère, à leur naissance, ses passions, tourment ou bonheur de sa vie, selon qu'une main habile ou maladroite leur aura donné une bonne ou mauvaise direction. C'est à cette époque qu'il a besoin d'un conseil, d'un ami qui puisse défendre sa raison naissante contre les séductions de toute espèce qui l'environneront, qui puisse seconder la nature dans ses opérations, hâter, féconder, agrandir ses heureux développemens. *La puissance paternelle*, qui est alors toute d'administration domestique et de direction, pourra seule procurer tous ces avantages, ajouter la vie morale à l'existence physique, et, dans l'homme naissant, préparer un citoyen.

Enfin, arrive l'âge où l'homme est déclaré par la loi, ou reconnu par son père, en état de marcher seul dans la route de la vie. A cet âge, ordinairement, il entre dans la grande famille, devient lui-même le chef d'une famille nouvelle, et va rendre à d'autres les soins qui lui ont été prodigués; mais c'est au moment même où la nature et la loi relâchent pour lui les liens de *la puissance paternelle*, que la raison vient en resserrer les nœuds; c'est à ce moment que, jetant ses regards en arrière, il retrouve, dans des souvenirs qui ne s'effacent jamais, dans l'éducation dont il recueille les fruits, dans cette existence dont seulement alors il apprécie bien la valeur, de nouveaux liens formés par la reconnaissance; c'est surtout dans les soins qu'exigent de lui ses propres enfans, dans les dangers qui assiégent leur berceau, dans les inquiétudes qui déchirent son cœur, dans cet amour ineffable, quelquefois aveugle, toujours sacré, toujours invincible, qui attache pour la vie le père à l'enfant qui vient de naître, que, retrouvant les soins, les inquiétudes, l'amour dont il a été l'objet, il puise les motifs de ce respect sacré qui le saisit à la vue des auteurs de ses jours. En vain la loi civile l'affranchirait alors de toute espèce *d'autorité paternelle*, la nature, plus forte que la loi, le maintiendrait éternellement sous cette autorité. Désormais, libre possesseur de ses biens, libre dans la disposition qu'il peut en faire, libre dans toute sa conduite et dans les soins qu'il donne à ses propres enfans, il sent qu'il n'est pas libre de se soustraire à la bienfaisante autorité qui ne se fait plus maintenant sentir que par des conseils, des vœux, des bénédictions. La nature et la reconnaissance lui présente alors les auteurs de ses jours sous l'aspect d'une divinité domestique et tutélaire;

ce n'est plus un devoir dont il s'acquitte envers eux, c'est un culte qu'il leur rend toute sa vie, et le sentiment qui l'attache à eux ne peut plus être exprimé par les mots de *respect*, de *reconnaissance* ou d'*amour* : c'est désormais la *piété filiale* adorant la *piété paternelle*.

Voilà les vérités que la nature a gravées dans nos cœurs ; voilà son Code sur la *puissance paternelle*.

15. Il résulte évidemment de ce qui précède, que la loi naturelle, le droit des gens et le droit divin, ne donnent aux pères et aux mères, qu'une autorité de garde et de direction sur leurs enfans ; tout ce qui est au-delà provient de la disposition des hommes, et par suite est purement arbitraire.

Ainsi, comme l'observe un auteur grave, ce qu'on entend en droit par *puissance paternelle*, en tant que cette puissance attribue au père certains droits singuliers sur la personne et les biens des enfans, est une prérogative émanée du droit civil, et dont l'exercice plus ou moins étendu, dépend des lois de chaque pays.

16. On lit dans les Institutes de l'empereur Justinien (1) : que la puissance des pères sur leurs enfans était un point de droit particulier aux Romains.

17. A l'égard de la puissance paternelle, les Romains, en prenant pour règle unique leurs institutions civiles, ont substitué l'intérêt au sentiment; ils ont méconnu la voix de la nature, et au lieu de reconnaître la *puissance*, ils ont créé le *despotisme* paternel.

18. Par un principe atroce, les enfans étaient considérés comme une partie du patrimoine du père, et par suite, les pè-

---

(1) *Jus potestatis quod in liberos habemus, proprium est civium Romanorum :* car il n'y a point de nation, continue ce législateur, où cette puissance ait les mêmes effets que chez eux. *Nulli enim sunt homines qui talem in liberos habeant potestatem qualem nos habemus.* De Patria potestate. § 2.

res pouvaient exercer, contre ceux qui leur avaient enlevé leurs enfans, l'action (1) appelée en droit *revendication*, et il est à remarquer qu'on ne pouvait prendre cette voie que pour recouvrer la possession des choses dont on était propriétaire.

19. Romulus avait donné aux pères le droit de vie et de mort sur leurs enfans (2), et on ne trouve dans le corps du droit romain, aucune loi qui abroge positivement ce droit barbare. Il est naturel de penser que cette abrogation s'est opérée d'elle-même et insensiblement, à mesure que les Romains firent des progrès dans la civilisation.

20. Il est un cas, néanmoins, en faveur duquel une loi expresse de ce peuple, investit de nouveau le père, du droit de vie

---

(1) ff. *De Rei vindic*; leg. 1, § 2.

(2) ff. Leg. XI. *De liberis, et posthumis*. Leg. V. ff. *De lege Pompónia, de parricidis*. Leg. ult. ff. Cod. DE PATRIA POTESTATE.

et de mort, auquel les enfans avaient été été précédemment soumis.

Nous entendons parler ici de la loi *Julia*, qui permit au père de tuer sa fille, lorsqu'il la surprendrait en adultère, pourvu toutefois qu'il exerçât ce droit sur-le-champ et qu'il tuât en même temps le complice (1).

21. On peut induire de la loi Pomponia, *de parricidis*, que le fils pouvait également être frappé de mort par son père, lorsqu'il était surpris dans des embrassemens criminels avec sa belle-mère, épouse de son père (2).

---

(1) ff. *Ad leg. Juliam de adulteriis*, *leg.* 20, 21, 23 et 32. Parmi nous, le nouveau législateur s'est écarté de ce principe, il n'a accordé ce droit qu'à l'époux, lorsqu'il trouverait sa femme en adultère. C'est même à tort que nous disons qu'il a accordé ce droit, puisqu'il se borne à déclarer excusable le crime commis dans cet instant par l'époux sur la personne de son épouse. Cod. pénal, art. 324.

(2) Ce texte est ainsi conçu : *Divus Hadrianus fertur, cum in venatione filium suum qui-*

22. La puissance paternelle, suivant l'ancien droit romain, n'avait ni fin, ni bornes; elle n'avait point de fin, puisqu'elle durait pendant toute la vie du fils de famille.

Elle n'avait point de bornes, puisque le père avait non-seulement le droit de vie et de mort sur ses enfans, mais encore qu'il pouvait les vendre comme sa chose.

Le sage Numa, cependant, priva le père de ce dernier privilége, lorsque son fils se serait marié de son consentement.

Plus tard, il ne fut plus permis aux pères de vendre leurs enfans, que dans le cas d'extrême misère, et même lorsque les enfans viendraient de naître, avec la condition de pouvoir toujours les racheter.

23. La puissance paternelle, quant

---

dam necaverat, qui novercam adulterabat in insulam eum deportasse : quod latronis magis quam patris jure, eum interfecit. Nam patria potestas in pietate debet, non atrocitate consistere. Leg. v, au Cod. DE PARRICIDIS.

aux biens, avait encore les effets les plus étendus chez le peuple législateur; les enfans ne possédaient rien en propre, tout appartenait au père, pour lequel seul ils acquéraient; ainsi liberté, propriété, sûreté, ces droits imprescriptibles de l'homme social étaient nuls pour les enfans en puissance, et pour leur entière descendance, jusqu'au dernier terme de sa durée; et comme ce terme n'était autre que celui de la vie du chef de la famille, il n'était pas rare de voir plusieurs générations gémir à la fois, sous l'empire d'un aïeul commun, dont elles pouvaient être tentées de déplorer la longévité.

24. La puissance paternelle avait reçu de grandes modifications chez les Romains, lorsque les Gaules furent soumises par les Francs.

Les vainqueurs crurent devoir respecter les lois des vaincus, et peu après ils en admirèrent la sagesse et les adoptèrent pour eux-mêmes.

On lit dans le glossaire du droit français (1) que sous les rois de la seconde race il était encore permis aux pères de vendre leurs enfans pour subvenir à leurs besoins.

Et dans les notes de *Baluze* sur *Salvien* (2), on acquiert la conviction que dans le treizième siècle on pratiquait encore l'ancien usage par lequel les pères étaient autorisés à consacrer irrévocablement leurs enfans, même dès le ventre de leurs mères, à la profession ecclésiastique ou monacale.

25. Elle trouve également dans les anciennes chartes des preuves évidentes sur la vérité du principe que nous avons établi.

En 1304, la reine Jeanne de Champagne, femme du roi Philippe-le-Bel, fit son testament et elle désira que ses dernières dispositions fussent approuvées par son fils aîné, qui avait alors plus de quatorze ans.

---

(1) Tom. 1er, pag. 378, § 4.

(2) Advers. Avarit. lib. ii.

Ce fils ne put céder aux vœux de sa mère, sans l'autorisation du roi son père qui la lui accorda en ces termes :

Auctoritatem plenam que et liberam potestatem duximus concedendam ad supplicationem et humilem requisitionem ipsius primogeniti nostri (1).

Le 17 février 1231, le roi Philippe de Valois voulant donner à son fils le duché de Normandie, le comté d'Anjou et celui du Maine, commença par l'émanciper, afin qu'il fût habile à les recevoir (2).

Le 6 septembre 1363, le roi Jean fit à son fils Philippe, donation du duché et du comté de Bourgogne, et dans le même acte il l'émancipa en ces termes :

Ad quod homagium admissimus eundem (Philippum), quem per hoc emancipamus et extra potestatem nostram posuimus et ponimus per præsentes (3).

---

(1) LANNOY, Hist. gimn. Navarr. pag. 12, édit. de 1677.

(2) DUTILLET, Recueil des rois de France. p. 297.

(3) GOULLUT, Hist. de la Franche-Comté. liv. 8,

26. On est convaincu d'une manière encore plus positive, que la puissance paternelle était jadis admise dans toute la France, en lisant les décisions 236 et 248 de JEAN DE MARES qui vivait, dit-on, du temps de Charles VI.

Aux termes de la première, les enfans *mariés de père et de mère*, étaient non-seulement *hors de leur main*, c'est-à-dire émancipés, mais encore ils étaient exclus de leur succession *ab intestat*, ce qui était bien évidemment pris de l'ancien droit romain, au titre du digeste *de conjungendis cum emancipato liberis*.

Aux termes de la seconde, lorsqu'un parent faisait une donation *à aucun étant en puissance*, le père du donataire n'y avait aucun droit, soit pour la propriété soit pour l'usufruit. D'où il suit bien clairement, que la puissance paternelle était alors reconnue en France, et qu'elle y donnait régulièrement au père,

---

chap. 27. PLANCHER, Preuves de l'Hist. du duché de Bourgogne. tom. II. pag. 279.

l'usufruit des biens de ses enfans, à l'exception cependant des biens donnés à ceux-ci par leurs parens, exception qui confirmait la règle pour tous les autres cas.

27. Dans le dernier état de la jurisprudence, sous l'ancienne monarchie, la législation à l'égard de la puissance paternelle, se partageait entre deux systèmes.

On conçoit que l'un était adopté dans tous les pays de droit écrit, et l'autre dans les pays coutumiers.

Dans les premiers, a dit l'éloquent orateur du Gouvernement (1), la puissance paternelle, telle qu'elle existait, rappelait encore, par les principes sur lesquels elle reposait, par les distinctions qu'elle établissait, et par quelques-uns de ses résultats, sa sauvage origine et son farouche auteur.

En effet, dans le dernier état des choses, la puissance paternelle n'était fondée que sur les principes du droit civil;

---

(1) Exposé des motifs de la loi sur la puissance paternelle.

elle était étrangère à toutes les affections que le droit naturel commande.

Le père seul était investi de cette puissance, et malgré les droits donnés par la nature, mais, sans doute, en conséquence de cette antique législation qui plaçait jadis l'épouse sous la *puissance paternelle*, la mère n'avait aucune participation à cette puissance. Le fils de famille restait de droit sous la puissance paternelle pendant toute la vie de son père; il y était maintenu, quand même il aurait eu soixante ans, à moins qu'il ne plût au père de l'émanciper.

Comme sous l'empire de l'ancienne législation, le fils de famille marié, non émancipé, n'avait point sur ses enfans cette puissance que son père exerçait sur lui, ils étaient encore sous la puissance de son père; conséquence révoltante, mais nécessaire et exacte, du principe sur lequel toute la théorie de cette législation était établie.

Relativement aux biens qui appartenaient au fils de famille, la loi conservait toute sa première injustice.

A l'exception des *pécules*, tout appartenait au père, le père avait la propriété des biens d'une certaine nature, et la jouissance de tous les autres pendant tout le temps que subsisterait la puissance paternelle, c'est-à-dire, pendant toute sa vie.

Pendant la vie de son père, le fils de famille, même majeur, ne pouvait s'obliger par cause de prêt.

Il ne pouvait tester, même avec le consentement de son père.

Voilà, sauf quelques exceptions de détail, les principes fondamentaux qui gouvernaient encore, avant le Code civil, les départemens soumis au régime du droit écrit.

Il suffit de les énoncer pour prouver qu'ils étaient contraires à toute idée de liberté, d'industrie, de commerce; qu'ils contrariaient, dénaturaient et anéantissaient dans son principe la puissance paternelle elle-même; qu'ils flétrissaient la vie, et nuisaient à la prospérité générale.

On observera peut-être que ces principes n'étaient jamais suivis à la rigueur;

que l'émancipation antérieure au mariage ou par mariage, obviait à tous les abus; mais il est jugé depuis long-temps que cette législation, en admettant même le fréquent usage de l'émancipation antérieure au mariage ou par mariage, était incompatible avec nos mœurs, et que son abrogation était nécessaire.

Dans les secondes, celles des coutumes qui régissaient des départemens voisins de ceux où le droit écrit était en vigueur, en avaient en partie adopté les principes; tandis que celles qui étaient suivies dans les contrées plus éloignées des pays de droit écrit, avaient un système vague et qu'il était difficile de fixer.

Les premières étaient à la fois divergentes et assises sur des bases vicieuses.

D'abord, différentes et opposées entre elles sur tous les autres points de la législation, elles ne l'étaient pas moins, soit dans le choix qu'elles avaient fait de diverses parties du système de la puissance paternelle, soit dans les modifications plus ou moins prononcées qu'elles avaient fait éprouver aux dispositions qu'elles empruntaient, dans ce système, au droit romain.

Le désordre résultant de toutes ces législations opposées se faisait d'autant plus sentir, lorsqu'il s'agissait de la puissance paternelle, que, si le statut, en tant qu'il donnait au père la jouissance des biens de famille, était un statut réel, qui n'avait conséquemment de pouvoir que sur les biens de son territoire, ce même statut, en tant qu'il mettait le fils de famille dans l'incapacité d'agir, de contracter et de tester, était un statut personnel, dont l'effet se réglait par la loi du lieu où le père avait son domicile au temps de la naissance du fils de famille; et ce statut étendait son empire sur la personne du fils de famille, en quelque lieu que le père ou le fils allassent par la suite demeurer........

En second lieu, s'écrie le tribun Albisson dans son discours au Corps-Législatif, ces coutumes admettaient un système peu moral dans son principe et dans ses conséquences; elles participaient plus ou moins aux vices que présentaient les règles du droit écrit.

Quant aux coutumes qui n'avaient aucun trait de ressemblance avec les lois romaines, elles tombaient dans l'excès contraire : dans leur généralité, le pouvoir paternel y avait été assez méconnu pour autoriser Loisel à mettre en principe, dans ses institutes coutumières, que *droit de puissance paternelle n'a lieu*.

Elles présentaient encore un autre défaut : on y trouvait presqu'autant de divagations et de contrariétés, que de coutumes différéntes, sur un point aussi important que celui de l'autorité des pères sur leurs enfans; et comment aurait-on obtenu, à cet égard, quelque chose de cohérent et de coordonné, du bouleversement que firent dans les droits des individus et dans la consistance des familles, ces siècles de barbarie, où la violence féodale imposait silence aux lois et à la raison; et méconnaissant tout autre droit que celui du plus fort, asservissait les corps et les esprits sous le despotisme avilissant du caprice et des volontés arbitraires du moindre châtelain qui pouvait compter quelques centaines d'hommes sur son territoire usurpé et les ranger sous sa bannière?

Quelles lumières attendre des débris d'un tel désordre? C'est pourtant de ces débris que se formèrent les premières compilations de la plupart des coutumes que l'habitude rendit ensuite assez tolérables pour donner prise à la ténacité, et lui fournir les moyens de résister, à beaucoup d'égards, à la sagesse de leurs réformateurs.

La législation était dans cet état lorsque la loi bienfaisante qui régit aujourd'hui la puissance paternelle dans l'étendue de la France a été rédigée.

Il faut avouer qu'entre toutes les lois civiles, il n'en était pas une seule qui eût besoin d'une plus prompte, d'une plus entière réforme, et qui, ramenée à ce que la nature ordonne, dût recevoir une plus uniforme application.

28. L'assemblée constituante avait reconnu la nécessité d'introduire des règles nouvelles sur la puissance paternelle, mais elle avait réduit l'autorité du père à une nullité absolue qui pouvait entraîner des suites funestes; elle avait établi entre le père et son enfant un procès qui, jugé par le tribunal de famille, pouvait faire perdre en un instant et pour jamais à un père tous les droits que la nature et la divinité lui avaient donnés sur son enfant. Nous recueillerons ici les articles de la loi du 24 août 1790 qui ont un rapport direct à notre matière.

« Si un père ou une mère, ou un agent ou un tuteur, a des sujets de mécontentement très-graves sur la conduite d'un enfant ou d'un pupille, dont il ne puisse plus réprimer les écarts, il pourra porter sa plainte au tribunal domestique de la famille, assemblée au nombre de huit parens les plus proches, ou de six au moins, s'il n'est pas possible d'en réunir un plus grand nombre, et à défaut de parens, il y sera suppléé par des amis ou voisins. » Art. 15, tit. 10.

« Le tribunal de famille, après avoir vérifié les sujets de plaintes, pourra arrêter que l'enfant, s'il a moins de vingt-un ans accomplis, sera renfermé pendant un temps qui ne pourra excéder celui d'une année dans les cas les plus graves. » Art. 16.

« L'arrêté de famille ne pourra être éxécuté qu'après avoir été présenté au président du tribunal du district, qui en ordonnera ou tempérera les dispositions après avoir entendu le commissaire du Roi, chargé de vérifier sans forme judiciaire les motifs qui auront déterminé la famille. » Art. 17.

29. Le législateur de nos jours ne trouvant dans les anciens principes que des vues imparfaites, marchant à travers la *faiblesse et l'exagération*, s'est appliqué à ne consulter que la raison et la nature. Il a senti que l'autorité des pères et des mères sur leurs enfans n'ayant directement d'autre cause ni d'autre but que l'intérêt de ceux-ci, n'était pas, à proprement parler, un droit, mais un

moyen de remplir dans toute son étendue et sans obstacle un devoir indispensable et sacré.

Qu'il était seulement vrai que ce devoir, une fois rempli, donnait aux pères et mères un véritable droit, le droit d'exiger de leurs enfans pendant tout le temps de leur vie, du respect et des secours.

TITRE II.

Quelles personnes peuvent exercer la puissance paternelle ?

30. Pour jouir en France de la puissance paternelle, il faut être citoyen français et participer à tous les effets de la vie civile. (1)

Par suite de cette règle, celui qui serait condamné à la déportation ne pourrait exercer cette puissance non-seulement sur les enfans nés avant sa condamnation, mais encore sur ceux qui seraient nés depuis. — Ce principe est conforme au § 1 du tit. 12 liv. 1 des Institutes de Justinien. Tels sont de nos jours les bannis frappés par la loi d'amnistie du 12 janvier. Ils ont cessé, du jour de leur

(1) Argum. de l'art. 25 du Cod. civil.

éloignement du sol de la patrie, de faire partie de l'association nationale, ils n'ont plus joui d'aucun des droits qui résultent de la qualité de citoyen français (1).

31. Mais il ne faudrait pas décider de la même manière à l'égard de celui qui, par un ordre du prince se voit éloigné, pour un temps même indéterminé,

(1) Ici se présente une question majeure: Quel est l'état de ceux d'entre les bannis qu'on a désignés sous le nom de régicides, et dont la résidence a été tolérée en France, l'ex-directeur B***, par exemple? ne peut-on pas dire qu'ils sont étrangers et qu'ils ont perdu la qualité de citoyen de la même manière que l'a perdue, à si juste titre, le jongleur politique Fouché? Autre question toute aussi majeure: l'autorisation de rentrer en France, accordée par le Roi, à quelques-uns de ceux qui en étaient sortis en vertu de la loi du 12 janvier, leur a-t-elle rendu la plénitude de leurs droits civils et politiques? Le duc Cambacérès vient de résoudre cette question pour l'affirmative en votant comme électeur au collége électoral du département de la Seine. Mais tout cela, opinion à part, est-il bien fondé en principes? c'est ce que j'examinerai à fonds dans mon traité de la mort civile.

du lieu de la résidence royale, ou même du territoire du royaume ; son éloignement doit être considéré comme une relégation, et dès-lors il peut exercer tous les droits de la puissance paternelle. Tels ont été les trente exilés frappés par l'ordonnance du 24 juillet 1815. — Ils n'ont pas cessé un instant d'être capables de tous les actes qui constituent l'exercice des droits civils.

32. Sous l'ancienne monarchie, dans les pays où l'acte de mariage n'emportait pas avec lui l'acte d'émancipation, le fils marié n'avait sur ses propres enfans aucune autorité pendant la vie de son père par le motif, qu'on ne pouvait pas avoir ses enfans sous sa puissance, quand on était soi-même assujéti à la puissance d'autrui. L'instant où il était émancipé, soit par la mort de son père, ou par un acte exprès de sa volonté, était le seul où le fils marié devînt habile à jouir de la puissance paternelle ; encore dans le premier cas ne l'acquérait-il pas alors sur ceux de ses enfans dont la naissance

était antérieure à son émancipation ; car ils demeuraient soumis à l'aïeul, à moins qu'il ne les émancipât lui-même.

La mort de l'aïeul ne rendait pas même au fils tous les droits de la paternité : à la vérité, s'il n'avait pas été émancipé auparavant, s'il avait porté jusqu'à cette époque les liens dans lesquels la loi l'avait enchaîné en naissant, ses enfans retombaient alors sous sa puissance et ne faisaient par ce moyen que changer de maître. Mais si son émancipation avait précédé la mort de son père, ceux de ses enfans que celui-ci avait retenus sous sa puissance, devenaient en ce moment libres et pères de famille.

De nos jours, ces principes ont été rejetés dans toute la France, le mineur est émancipé de plein droit par le mariage (1), et par suite les enfans naîtront toujours sous la puissance de leur père, et jamais sous celle de leur aïeul.

33. La puissance paternelle telle qu'elle

(1) Cod. civil, art. 476

a été transmise aux pères et aux mères, par les lois de la nature, est exercée concurremment par les époux pendant le mariage.

Mais il n'en est pas de même à l'égard de la puissance paternelle conférée par les lois civiles. Le père seul pendant le mariage, a le droit de l'exercer (1).

Dans le premier cas, la mère doit avoir le même droit aux égards et au respect de ses enfans que le père; elle les a portés dans ses flancs, elle les a nourris de sa substance, et sans inhumanité on ne pouvait la priver d'une sorte d'autorité qu'elle tenait des mains de la nature. Le législateur a-t-il aussi senti cette vérité: et, en conséquence, il a voulu que le fils

---

(1) *Ibid.* art. 373. Rien n'est plus clair que cette proposition : On ne doit pas confondre en effet le droit en lui-même, de l'exercice du droit. Ainsi, en combinant l'art. 372 et l'art. 373, nous reconnaîtrons avec M. Delvincourt, qui raisonne si rarement juste, que la puissance paternelle appartient virtuellement au père et à la mère, quoique le père puisse seul l'exercer.

ne pût contracter mariage, s'il n'avait atteint l'âge de 25 ans révolus, sans le consentement de son *père* et de sa *mère* (1).

Dans le second cas, le maintien et la propagation des familles voulait, selon le judicieux *Faber*, que la femme fût considérée comme la fin de la famille, dont elle était sortie.

Ainsi, quoique le législateur ait expressément voulu que la mère donnât son consentement au mariage de son fils, lorsqu'il n'aurait point accompli sa vingt-cinquième année, il a prévu qu'il pourrait y avoir dissentiment dans la société conjugale, et dès-lors il s'est appliqué à déclarer que le consentement du père suffirait (2).

Le père est considéré comme le chef de la famille, il est dans l'ordre, et c'est une des conséquences, qu'il en ait les prérogatives; ce pouvoir, s'il était en même temps partagé entre plusieurs, s'affaibli-

---

(1) Cod. civil. art. 148.

(2) Cod. civil. art. 148.

rait par cela même et tournerait en sens contraire de son institution.

Toutefois la loi n'entend pas exclure la mère de cette magistrature, elle l'exerce à son tour, et prend la place du père, s'il vient à manquer (1); elle a, comme le père, la jouissance des biens de leurs enfans, jusqu'à l'âge de dix-huit ans, ou jusqu'à l'émancipation qui peut avoir lieu avant cet âge.

34. De ce qui précède, il suit d'une manière bien précise que l'enfant, à tout âge, doit honneur et respect à ses père et mère (2), et qu'il reste sous leur autorité jusques à sa majorité, ou à son émancipation (3).

---

(1) Il est inutile de dire qu'en cas de séparation de corps, le père conserve la puissance paternelle, alors même que les enfans ont été confiés à la mère. Ainsi le père reste tuteur; deux arrêts de la Cour de Paris, rapportés au t. 10 de la jurisprudence du Code civil, ont jugé conformément à ces principes en matière de divorce.

(2) Cod. civil. art. 371.

(3) *Ibid.* art. 372. Il est clair que si le père

35. D'abord, l'exercice de la puissance paternelle est accordé au père légitime, et, après lui, à la mère légitime.

Nos mœurs, en effet, ne devaient pas priver les mères des droits que la nature leur donne sur leurs enfans; et il était sans doute du devoir du législateur d'établir un droit égal là où la nature avait établi une égalité de peines, de soins et d'affections.

Il a réparé par cette équitable disposition, l'injustice de plusieurs siècles; il a fait pour ainsi dire entrer pour la première fois, la mère dans la famille, et l'a rétablie dans les droits imprescriptibles qu'elle tenait de la nature; droits sacrés, trop méprisés par les législations anciennes accueillies par quelques-unes de nos coutumes, mais qui, effacés dans

---

est condamné à une peine afflictive ou infamante, l'exercice de la puissance paternelle doit lui être interdit, lors même que la séparation de corps ne serait pas demandée. Ainsi, la puissance paternelle sera exercée par la mère avec le concours des deux plus proches parens paternels, Argum. de l'art. 381.

nos codes, auraient dû se retrouver écrits en caractères ineffaçables dans le cœur de tous les enfans bien nés.

36. Il est remarquable qu'aux termes des articles 371 et 372 du Code Napoléon, non-seulement les pères et mères légitimes sont appelés à exercer la puissance paternelle, mais encore les pères et mères des enfans naturels légalement reconnus. Car tous ceux qui portent la qualité de père ou de mère, s'y trouvent indistinctement investis de la puissance paternelle (1).

---

(1) Toutefois les effets de cette puissance sont moins étendus, la loi n'accorde ni au père ni à la mère la jouissance des biens de leurs enfans naturels ; ils ne peuvent administrer ces biens qu'à la charge d'en rendre compte.

La loi reste muette sur le point de savoir si le père et la mère pourraient demander des alimens à leurs enfans naturels. Il nous a semblé que la nature, d'accord avec le droit romain, légitimerait la défense de la mère. *Matrem cogemus vulgo quæsitos liberos alere, nec non*

C'eût été en vain sans doute, qu'on aurait objecté que la puissance paternelle devait être bornée aux seuls enfans légitimes, attendu qu'elle dérivait du mariage.

On aurait répondu, 1° que la naissance seule établit des devoirs entre les pères et les enfans naturels; et que ces enfans devant se trouver sous une direction quelconque, il était juste de les placer sous celle des personnes que la nature oblige à leur donner des soins.

---

ipsos eam. Leg. 5, § 4. de agnosc. et alend. lib.

A l'égard des pères, ils ne méritent pas cette faveur.

Comme l'enfant légitime l'enfant naturel ne peut se marier sans avoir obtenu le consentement de ses père et mère s'il est mineur, ou sans l'avoir requis dans les formes légales s'il est majeur.

La garde de l'enfant naturel doit être confiée par le magistrat à celui du père ou de la mère qui lui semblera le plus propre à veiller à leur éducation. Cod. civil. art. 158, 302, 313, 314, 383.

Voy. un arrêt de la Cour d'Agen, du 16 frimaire an 14. Sirey, (1806). 28e part. pag. 49.

2° Que lorsque la loi avait voulu que des enfans malheureux et abandonnés pussent retrouver un père qui les avouât, il devenait impossible de refuser aux parens une autorité fondée en grande partie sur la nature.

37. Lorsque le mariage est dissous par la mort naturelle de l'épouse, la puissance paternelle reste entre les mains du père, et se convertit en tutelle légitime. Il peut exercer son autorité de la même manière que pendant le mariage.

Toutefois s'il se remarie, s'il reçoit dans son lit une nouvelle épouse; s'il étouffe ses regrets par le charme d'une nouvelle affection; s'il donne en un mot une marâtre à ses enfans, son autorité cesse d'avoir le même caractère; des soupçons s'élèvent alors contre lui et l'intervention du magistrat devient nécessaire pour l'exercice du droit de correction (1).

Il en était de même avant l'abolition

(1) Cod. civil. art. 380 et 377.

du divorce, lorsqu'il avait été prononcé contre lui, l'époux demandeur qui avait fait rompre des nœuds mal assortis, était sans reproche, c'était donc à lui que devaient être confiés les enfans. Ainsi la puissance paternelle pouvait perdre pour le père, la principale partie de ses effets.

38. Nous avons vu qu'afin que le père fût habile à exercer la puissance paternelle, il fallait qu'il fût citoyen français. Mais il faut également que le fils participe à tous les effets de la vie civile, car de la même manière que le père ne peut plus exercer son autorité sur son fils mort naturellement, il ne peut plus l'exercer lorsqu'il a été frappé de mort civile. Par une fiction de la loi, l'individu qui est tombé dans cet état, n'est plus compté au nombre des vivans, et s'il jouit encore d'un reste de capacité, ce n'est que pour recevoir des alimens, propres à soutenir sa triste existence.

TITRE III.

Des effets de la puissance paternelle.

39. Les effets de la puissance paternelle s'étendent à la fois sur la personne et sur les biens des enfans. Il est donc nécessaire pour traiter méthodiquement cette matière d'établir à cet égard une distinction; et d'abord nous nous occuperons de ce qui regarde la personne des enfans.

CHAPITRE PREMIER.

Des effets de la puissance paternelle, quant à la personne des enfans de famille.

40. Il est naturel de penser qu'un père de famille n'a rien de plus cher que ses enfans. C'est en eux qu'il se voit renaître; ils sont à la fois l'espoir et la gloire de sa

vieillesse ; d'après ce principe, on doit présumer qu'il emploiera tous ses efforts pour former leur cœur et leur esprit.

41. Les soins qui lui sont imposés par sa qualité de père sont ou physiques ou moraux.

Les premiers tendent à nourrir et à entretenir les enfans, selon l'état qu'ils doivent occuper un jour dans la société.

Les seconds tendent à leur donner une bonne éducation. — Le père doit, selon le judicieux Locré, fournir à son fils ces alimens non moins précieux que ceux destinés à le faire vivre.

42. L'homme se doit à la société ; destiné à remplir une place au nombre des pères de famille, il est indispensable qu'il exerce une profession utile. Nul n'étant plus à même de diriger le choix de l'enfant que celui que la nature a chargé de lui servir de guide pendant le temps de sa faiblesse; il était juste qu'une disposition de la loi interdît à l'enfant la liberté de s'éloigner de la maison paternelle,

sans une permission expresse de son père (1) : et une conséquence naturelle de ce principe était de fournir aux chefs de famille des moyens coërcitifs pour forcer leurs enfans à rentrer dans leur domicile, lorsqu'ils s'en seraient écartés.

Toutefois il fallait prévoir le cas de l'enrôlement volontaire pour le service de la patrie.

Le fils, en effet, par une exception de droit, cesse d'être sous la dépendance de son père, lorsqu'il s'agit du service public.

Il faut cependant observer que le fils ne pourra user de cette faculté que lorsqu'il aura dix-huit ans révolus, c'est-à-dire, lorsque le cours de son éducation aura été suivi.

A cette époque s'il se sent pressé du désir de servir sa patrie, s'il veut marcher sur les traces des héros, à qui la France fut redevable du rang glorieux qu'elle obtint naguère parmi les puis-

(1) Cod. civil. art. 374.

sance de l'Europe, il pourra s'enrôler volontairement sous des drapeaux signalés par tant de victoires.

43. Le tribun Albisson a judicieusement remarqué que toute puissance directrice ou régulatrice suppose l'attribution d'une force coërcitive quelconque.

C'était aussi du pouvoir des parens sur leurs enfans que devaient sortir tous les moyens de correction nécessaires pour le rendre utile aux enfans eux-mêmes. Il ne fallait pas toutefois perdre de vue que, dans certain cas, les exemples, les exhortations d'un père, que les privations qu'il imposera, que les peines légères qu'il fera subir seraient insuffisantes, inefficaces pour maintenir dans le devoir un enfant peu heureusement né; pour corriger de perverses inclinations, le législateur alors devait appeler l'autorité publique au secours de la magistrature paternelle.

44. Le droit de correction que les Romains exerçaient envers leurs enfans était

barbare, et par suite il ne pouvait convenir à nos mœurs; il est même à remarquer que s'il était en usage parmi nous sous l'ancienne monarchie, plusieurs arrêts en avaient modifié les effets, lorsque les pères, au lieu de corriger leurs enfans, s'oubliaient jusques à les traiter inhumainement. Nous en citerons deux exemples.

45. Le 12 mai 1779, devant le parlement de Provence, Marguerite Caillot se plaignait de mauvais traitemens exercés sur elle par son père et par sa belle-mère. En conséquence, elle demandait que le premier fût condamné à lui payer une pension alimentaire de 600 livres, pour vivre hors de la maison paternelle.

Le père niait les mauvais traitemens, et soutenait que la preuve n'en était point admissible, tant parce qu'ils étaient d'une atrocité qui les rendait invraisemblables, que parce qu'il n'en existait aucun commencement de preuve par écrit; il faisait d'ailleurs valoir le danger de l'indépendance des enfans, surtout dans la classe laborieuse du peuple, et il semblait prétendre que le juge ne devait mettre aucune borne au droit de correction paternelle.

L'avocat-général de Calissanne portant la parole dans cette cause : dit que, s'il fallait prendre garde de détruire l'autorité paternelle, il fallait prendre garde aussi d'établir la tyrannie; qu'il n'était pas à craindre que les enfans protégés contre leurs pères, devinssent indépendans; que le plus souvent ils ne connaissaient seulement pas leurs protecteurs, ni les lois qu'ils devaient invoquer; que leur timidité, leur faiblesse, étaient de sûrs garans de leur obéissance; qu'il n'y avait aucun excès à appréhender de la part de jeunes cœurs, si fidèles encore aux impressions de la nature, que l'éducation de la classe indigente du peuple n'était pas plus éloignée de la sensibilité; que l'indigence connaissait également l'indépendance de l'amour-propre; qu'en vain on aurait prétendu que les châtimens étaient nécessaires pour élever cette classe de citoyens, qui ne laissait à l'éducation que celle des mauvais traitemens physiques; qu'il était certain au contraire, que l'indigence était l'état le plus rapproché de la nature; qu'on y trouvait plus de candeur, plus de probité, plus de pudeur, plus même de ces préjugés sublimes, qui sont la sauve-garde des mœurs et des vertus; que les mariages y étaient plus chastes, les familles plus unies, les liens du sang plus révérés, la nature plus écoutée, le tendre nom de père plus doux à prononcer; que ce nom y portait dans l'âme des enfans l'idée du respect, jointe à celle de la reconnaissance, surtout lorsqu'ils mangeaient un pain qu'ils voyaient arrosé des sueurs de leur père, et souvent de ses larmes.

Après ces observations générales, le magistrat dont nous venons de citer la doctrine, examina si les faits imputés à Caillot père excédaient les bornes de la correction paternelle.

Les lois, dit-il, ont tracé aux pères la route qu'ils doivent suivre en corrigeant leurs enfans; s'en écarter, c'est abuser de l'autorité paternelle. Il est certain que, pour autoriser la réclamation de l'enfant contre le père, il ne faut pas des faits qui constatent le danger imminent de la vie. Decormis enseigne que, de la femme au mari, *la séparation a lieu dès la première plainte, quand les mauvais traitemens ont été fort graves.* Et observons qu'en fait de sévices, le père est moins excusable que le mari. Mille circonstances peuvent concourir à troubler la raison de celui-ci, tout doit au contraire enchaîner la colère de celui-là. Des soupçons quoique injustes; l'ivresse d'une passion trompée ou irritée; la jalousie, cette fureur domestique qui se nourrit de probabilités et d'alarmes, tout excuse en quelque sorte le mari coupable, mais rien n'allume le sang d'un père contre son fils; la faiblesse, les pleurs de l'enfant, ses caresses qui deviennent ses seules armes; le nom de père répété d'une voix plus tendre et plus émue; tout se réunit pour l'attendrir. Le mari furieux peut n'être que malheureux, le père cruel est toujours coupable.

Après une discussion détaillée de tous les faits avancés par Marguerite Caillot, l'avocat-général de Calissanne démontra que, par leur gravité, ils suffisaient pour autoriser la réclamation de la demanderesse. A la vérité, dit-il, elle ne rapporte aucun commencement de preuve par écrit; mais exiger une preuve écrite en pareil cas, c'est demander l'impossible, et quant au surplus des exceptions du défendeur, il serait ridicule d'argumenter de l'atrocité des faits, pour soutenir que la preuve en est inadmissible. En effet, refuser la preuve des faits qui ne sont invraisemblables que parce qu'ils sont atroces, ce serait autoriser l'excès de la barbarie la plus tyrannique, et vouloir que l'invraisemblance devînt la source et le motif de l'impunité.

Conformément aux conclusions du ministère public, il intervint arrêt portant que Marguerite Caillot ferait preuve des faits articulés par elle, et ayant égard à sa demande en provision, la Cour condamna le père à garnir la main de sa fille d'une somme de 100 livres, à charge par elle de se retirer, pendant procès, dans la maison de la Providence de Marseille.

46. Le second exemple que nous avons annoncé, est pris dans Brillon, au mot *débauche*.

Un père ayant fait enfermer son fils, dans les prisons de Conflans-Sainte Catherine, par forme de correction, ce fils après y avoir demeuré quelque temps parvint à s'évader.

Arrêté dans sa fuite par les ordres de son père, il présenta sa requête à la Cour, qui ordonna que le père serait tenu d'expliquer les raisons de ce nouvel emprisonnement pardevant le lieutenant-général de Pontoise; le père s'opposa à l'exécution de cet arrêt.

Après l'expiration du délai, le fils recourut de nouveau à l'autorité de la cour, et il obtint sa liberté sur l'intervention de sa famille, et entr'autres du sieur Charton, pénitencier de l'église de Paris, son oncle.

L'avocat général Talon appelé à porter la parole dans cette affaire, dit : que les pères qui exerçaient leur bonté envers leurs enfans étaient alors juges souverains ; mais que quand ils exerçaient leur justice, et qu'ils châtiaient leurs enfans leur pouvoir était soumis aux juges qui devaient juger leurs jugemens, *judicia vestra judicabo* : que tout ce qu'on pouvait faire en faveur des pères c'était de n'écouter qu'avec circonspection les plaintes des enfans ; que dans l'espèce particulière le témoignage de la famille et le refus que faisait le père de s'expliquer, justifiaient assez que son chagrin et peut-être celui de sa seconde femme, étaient l'unique cause de l'emprisonnement de son fils. Par ces motifs il conclut à l'élargissement du fils, et comme nous l'avons ci-dessus annoncé, la Cour disant droit à ces conclusions, rendit la liberté au demandeur.

47. Il est évident que le droit de correction appartient à celui qui exerce actuellement la puissance paternelle. D'où il suit que pendant le mariage la mère

ne peut provoquer l'emprisonnement de son fils.

Si même la mère se remarie, la loi lui refuse le droit de correction, par voie d'autorité, sur son fils. Il n'y a plus alors de garantie suffisante, un lien nouveau, de nouveaux enfans peuvent étouffer, ou tout au moins paralyser les sentimens d'affection et de tendresse qu'elle portait au fruit de sa première union. Cette disposition est sage en elle-même : le législateur devait prévoir que trop faible ou trop légèrement alarmée, elle recourrait peut-être trop facilement à des moyens extrêmes, en conséquence il a voulu (1) que dans aucun cas elle ne pût faire détenir son fils que par la voie de réquisition. Cette règle s'applique également au père remarié.

48. Le droit de correction tel qu'il a été adopté par le Code civil donne lieu à une distinction naturelle. Il est un

(1) Cod. civil. art. 381.

âge en effet où le père seul et de sa propre autorité peut faire détenir son fils, pendant un temps qui ne pourra excéder un mois. Sur sa demande, alors le président du tribunal de son domicile devra donner l'ordre d'arrestation. (1)

Mais il est un âge, où le père ne peut exercer cette magistrature absolue, qui ne doit compte à personne des motifs qui ont déterminé la condamnation; il peut alors requérir seulement la détention de son enfant pendant six mois au plus, et dans ce cas le président du tribunal le et procureur du Roi pourront dire droit à la réquisition du père, ou selon les circonstances, ils pourront n'y avoir aucun égard. (2) Le père n'est donc plus juge, alors il n'est qu'accusateur.

49. Le motif de cette disposition est facile à pénétrer. Autant il était raisonnable de donner au père le droit de faire enfermer de sa seule autorité et pour

---

(1) Cod. civil. art. 376.
(2) *Ibid.* art. 377.

quelques jours seulement un enfant de douze ans, autant il eût été injuste de lui abandonner et de laisser, pour ainsi dire, à sa discrétion un adolescent d'une éducation soignée et qui annoncerait des talens précoces. Quelque confiance que méritent les pères, la loi ne devait pas cependant être basée sur la fausse supposition que tous sont également bons et vertueux; la loi devait tenir la balance avec équité, et le législateur ne devait pas oublier que les lois dures préparent souvent les révolutions dans les États.

50. Il est même des cas où l'enfant, âgé de moins de seize ans, ne peut être détenu par l'effet de la seule autorité du père.

Le premier est celui où l'enfant possédera des biens personnels.

Le second, celui où il exercera un état.

Il ne fallait pas perdre de vue que l'intérêt est le mobile de toutes les actions des hommes. Il fallait pourvoir à la sûreté de l'enfant à qui la libéralité de ses parens ou de ses amis avait donné quelque fortune, ou qui était parvenu à s'en donner lui-même une par son travail et par son industrie. Si cet enfant avait pour père un dissipateur, il était hors de doute qu'il chercherait à le dépouiller, qu'il se vengerait des refus de l'enfant, et que peut-être il lui ferait acheter sa liberté. Le législateur n'aurait donc point atteint le but qu'il s'était proposé s'il n'avait introduit des règles positives à cet égard (1).

51. Le père et la mère naturels peuvent exercer dans toute sa plénitude la puissance paternelle, même lorsqu'ils ont contracté mariage avec une autre personne que la mère ou le père de l'enfant.

Ainsi, lorsque le père naturel est décédé, et que par suite toute la puissance est passée entre les mains de la mère, qu'elle se marie ou non, elle pourra faire détenir son fils par voie d'autorité, s'il

(1) Cod. civil. art. 382.

est âgé de moins de seize ans, ce qui établit une différence remarquable dans la portion d'autorité dont la loi a investi la mère légitime et survivante.

En effet, cette dernière, lorsqu'elle n'a pas convolé à de secondes noces, ne pourra jamais faire détenir un enfant, quel que soit son âge, sans le concours des deux plus proches parens paternels, et sans employer la voie de réquisition (1).

52. Chez les Romains, on distinguait également, dans le dernier état de la jurisprudence, entre le cas où le châtiment mérité par le fils exigeait une simple correction, et le cas où il exigeait une punition.

La loi 3, au Code de Patria Potestate, contient à cet égard une disposition remarquable : *Si pietatem patri debitam non agnoscit (filius tuus) castigare jure patriæ potestatis non prohiberis.*

---

(1) Cod. civil. art. 381.

Acriore remedio usurus, si in pari contumaciâ perseveraverit eumque præsidi provinciæ oblaturus, dicturo sententiam quam tu quoque dici volueris.

53. En France, sous l'ancienne monarchie, cette disposition n'était pas exactement suivie. On a vu des enfans qui, une fois livrés à la justice, ont été punis plus sévèrement que leurs accusateurs ne le demandaient.

On lit dans Basset la mention d'une sentence rendue par un père lui-même, de l'avis de sa famille, contre un fils qui avait attenté à sa vie et à celle de sa mère. Le coupable fut déclaré indigne de la succession du père et condamné aux galères pour vingt ans. Le ministère public près du parlement de Grenoble, se rendit appelant de cette sentence *a minimâ*, et par arrêt du 19 septembre 1663, le fils fut condamné aux galères perpétuelles.

54. Quelques novateurs pensaient ja-

dis que le juge devait rejeter toutes les actions d'un père, tendant à livrer son fils à la sévérité des lois et au mépris de la société. L'avocat Duveyrier, plaidant contre une débauchée, que son propre père avait dénoncée à la justice, combattit victorieusement cette opinion.

Quelques voix, s'écria-t-il, en petit nombre à la vérité, ont répété autour de moi cet étrange système.

En l'écoutant, je n'en éprouve qu'une profonde douleur.

Peut-on, sans s'affliger, considérer quel intervalle immense nous sépare de ceux qui nous ont transmis nos lois, de ceux même dont nous avons reçu nos usages et nos mœurs? par quelle pente insensible nous avons glissé de la rudesse à la franchise, de la franchise à la liberté, de la liberté à la licence? Par quels degrés d'affaiblissement nous avons substitué à cette énergie de l'âme, à cette force de la véritable vertu, dont notre histoire nous fournit tant d'exemples, une sensibilité factice qui s'effraie du moindre effort, et qui cède à la plus légère atteinte; non pas cette sensibilité douce, inséparable de l'humanité, qui plaint le criminel en punissant le crime; mais cette flexibilité de caractère, cette mollesse de cœur, cette délicatesse d'organes qui nous fait pardonner si facilement les fautes dont nous nous connaissons capables, qui nous fait acheter par notre indulgence, l'indulgence des autres, et que nous nommons sensibilité pour légitimer notre faiblesse et l'ennoblir même s'il était possible?

Je ne regrette pas, continua l'orateur dont nous citons la doctrine, je ne regrette pas la sévérité romaine et le droit de vie et de mort que les lois donnaient aux pères sur leurs enfans; je sais que la forme de notre Gouvernement, nos coutumes, nos usages, la nécessité d'une liberté individuelle dans un pays libre, ont dû nécessairement briser les chaînes domestiques, et affaiblir le pouvoir d'un seul sur plusieurs; mais je voudrais qu'on fût persuadé que tous les extrêmes sont dangereux; que, si nos lois ont changé nos mœurs, il faut craindre que nos mœurs, à leur tour, ne changent nos lois; que ces deux maîtresses de toutes les nations du monde ont une influence réciproque; qu'elles s'affermissent, qu'elles se soutiennent, qu'elles se détruisent mutuellement; que les lois les plus soumises à cette influence des mœurs, sont celles que la nature a gravées dans nos cœurs pour combattre ou diriger nos affections. L'empreinte s'efface à mesure que les cœurs se flétrissent. Les lois deviennent esclaves des affections qu'elles ne peuvent plus contraindre. La dernière trace disparaîtra lorsque, de faiblesse en faiblesse, nous aurons franchi tous les intervalles, et que nous serons enfin parvenus à croire que la nature varie ses préceptes suivant les temps, suivant les lieux; qu'elle s'accommode aux mœurs, aux usages, aux inclinations, jusqu'au point de défendre ici ce qu'elle ordonnait sur les bords du Tibre; et que la vertu des Romains, en un mot, n'est plus, relativement à nous, qu'une barbarie. Dans les derniers temps de la république, au moment où la discorde introduisait la dépravation, Aulus Fulvius déserte Rome pour suivre Catilina. Son père le rappelle; ce citoyen, rebelle à la patrie, est encore fils respectueux; il obéit et vint subir le jugement de mort prononcé par son père. Nos aïeux admiraient cet exemple d'une vertu sublime; nous le croyons sévère; nos petits-fils le trouveront barbare. Vous voyez que nous commençons à nous étonner qu'un père exerce le droit que la loi lui donne, de venger son honneur trahi, son autorité méprisée. Nous finirons par lui refuser ce droit; de l'impossibilité de punir les enfans, naîtra le mépris des pères, l'insubordination, la révolte. Et au milieu de cette anarchie universelle, quelle ressource pourra-t-il rester à la loi, lorsque la sévérité du châtiment sera devenue l'excuse de l'impunité? C'était pour affermir ce devoir de toutes les nations, ce lien de toutes les sociétés, le respect des enfans envers leurs pères, que M. d'Aguesseau déployait ici toute la force de son éloquence. C'est lui qui vous disait que les familles seraient plus heureuses, les fortunes plus assurées, les mariages plus exempts des sacriléges qui les déshonoraient, si les jurisconsultes de ces derniers temps avaient été aussi sévères dans leurs maximes, aussi jaloux de la juste autorité des pères, que les jurisconsultes romains.

Je pense avec plaisir que tous ceux qui m'environnent, amis de l'ordre et des lois qui le maintiennent, désirent qu'un grand exemple s'élève au milieu du relâchement universel, et je me trouve heureux d'être en ce moment l'organe du vœu public.

Prouvons donc que la sagesse des mœurs, l'honnêteté publique, le respect filial, ne sont pas des mots inutiles ; que ces vertus marchent encore à côté des lois ; qu'un père a le droit d'appeler toutes les vengeances de la justice sur une fille aveugle qui a comblé son déshonneur par l'oubli de tous ses devoirs d'épouse, de fille et de mère ; que, dans ce cas, bien loin d'accuser le père, il faut le plaindre ; que le courroux paternel suppose toujours la gravité de l'offense, et qu'il est enfin impossible de pardonner lorsqu'un père ne pardonne pas.

55. On ne peut se dissimuler que cette doctrine était sage, et que la stricte observation du principe sur lequel elle était appuyée aurait arrêté le désordre toujours croissant de nos mœurs et prévenu peut-être bien des maux.

56. De nos jours, le législateur a reconnu qu'il était indispensable d'admettre l'action des pères contre leurs enfans lorsqu'il survient des sujets de mécontentement graves sur leur conduite. Le droit de correction était, en effet, la conséquence naturelle de la puissance qu'ils tenaient de la nature et de la loi. Mais dans tous les cas l'intervention du magistrat était nécessaire.

57. Lorsque la détention de l'enfant s'opère par voie d'autorité, le magistrat n'a rien à examiner, la sentence est portée par le père et rien n'en peut arrêter

l'exécution ; le ministère du président se réduit à imprimer à la volonté paternelle le sceau de la volonté publique. C'est-à-dire à délivrer l'ordre d'arrestation.

58. Lorsque la détention a lieu par voie de réquisition, le magistrat calcule dans sa sagesse, il pèse les motifs de la réquisition, et il est libre, s'il pense que le père se laisse aveugler par une injuste sévérité, de refuser l'ordre d'arrestation, il peut encore, dans le cas où il se détermine à dire droit à la demande du père, abréger le terme de la détention. En un mot, la loi l'a établi juge souverain entre le père et le fils, et il ne doit compte qu'à sa conscience de sa décision.

Un exemple récent vient à l'appui de cette proposition, nous le recueillerons avec d'autant plus d'empressement qu'il doit faire connaître quel genre de mécontentement est nécessaire pour autoriser le père à requérir la détention de son enfant.

En l'an 12 la dame de M. voulant faire

prononcer son divorce, se sépara aussitôt de son mari.

Ils avaient deux enfans : le père prit avec lui le fils, la mère garda la fille.

A peine celle-ci avait atteint sa seizième année, que son père la réclama ; sous prétexte d'achever son éducation.

En vendémiaire an 12 il fit sommation à la mère de rendre l'enfant.

Refus formel de la part de celle-ci.

Alors le père s'adressa au président du tribunal civil de l'arrondissement, et lui exposa verbalement qu'il éprouvait les mécontentemens les plus graves de la part de sa fille.

Que dès l'instant qu'une juste sollicitude l'avait déterminé à la rappeler près de lui, elle s'était réunie à la mère pour ne plus l'entendre, et pour résister d'un commun accord à ses intentions les plus formelles.

Que ce refus outrageait la nature et la loi, qui investissent le père d'une pleine autorité sur ses enfans, et lui abandonnent totalement leur direction, même pendant l'instance en divorce. Art. 261 liv. 1 du Code civil.

Que cette injure à l'autorité paternelle était encore plus révoltante de la part d'un enfant de qui l'on ne doit attendre qu'obéissance et respect, d'une fille surtout, à qui la protection de son père devenait plus nécessaire, et dont l'âge exigeait un redoublement de soins et de vigilance.

Ces considérations frappèrent le président du tribunal civil, qui, après en avoir conféré avec le ministère public, délivra le 21 vendémiaire an 12 l'ordre d'arrestation.

En conformité de l'art. 276 du Code civil, la demoiselle de M. adressa un mémoire au procureur-général près la Cour d'appel de Bruxelles.

Elle exposa qu'aucune action de sa vie n'avait pu légitimer la sévère mesure que son père voulait déployer contre elle, qu'autant ce chatiment était juste quand il était infligé à un enfant débauché, qui insultait à son père, en ne lui accordant pas le respect et les égards qui lui sont dus, autant il était injuste et déplacé, quand il atteignait un enfant doux et soumis. Placée dans la pénible alternative ou de désobéir à son père, ou d'abandonner une mère avec laquelle elle s'était faite, dès ses plus jeunes ans, une douce habitude de lier sa vie et son existence, qui devait-elle entendre? La nature l'appelait d'un côté, la nature la retenait de l'autre; que les lois civiles fassent cesser cette cruelle perplexité, mais qu'elles ne punissent pas comme un crime ce qui n'est ni une faute, ni une mauvaise volonté, mais seulement une impuissance d'agir autrement.

Etaient-ce là d'ailleurs des faits qui pussent donner au père *ces mécontentemens très-graves* dont parle la loi? Y avait-il là des motifs de la jeter dans les prisons à côté des criminels? Si elle avait manqué de respect à son père; si elle avait manqué de déférer à sa volonté, était-ce là qu'elle apprendrait à le respecter et à lui obéir? était-ce là qu'elle entendrait la voix de ceux qui devrait la ramener à la raison si elle s'en était écartée? était-ce là l'école des mœurs et des devoirs qu'elle avait à remplir? était-ce là enfin l'asile d'une jeune fille de seize ans, à qui l'on ne reprochait que trop d'attachement pour sa mère? Non, c'était ce lieu au contraire que la justice devait lui interdire et lui fermer avec soin; c'était la retraite des criminels, et si l'on voulait encore, celle des enfans dont les nombreux débordemens sollicitaient une prompte et sévère punition; mais ce n'était point celle que méritait la jeune de M.

Ces raisons furent accueillies par le président et le procureur-général près la Cour d'appel.

DÉCISION TEXTUELLE.

Vu par nous, président de la Cour d'appel séante à Bruxelles, le rapport à nous fait par le procureur-général près cette Cour, le 14 nivose an 12, en exécution de l'art. 376 du Code civil, d'un mémoire qui lui a été adressé par la Dlle Louise-Dominique-Jeanne de M., fille unique d'Alexandre M., rentier, domicilié à....... département de la Lys, et de la D^me Isabeau-Louise d'O......., son épouse; ce mémoire tendant à faire révoquer l'ordre d'arrestation et la permission de détention de sa personne, donnée à la demande de son père, par le président du tribunal civil de......, ce 21 vendémiaire an 12 :

Vu l'appointement rendu sur ce mémoire par le procureur - général près le tribunal d'appel, le 11 frimaire an 12, portant ordonnance au ministère public près le tribunal civil de.......... de rendre compte des faits repris en ce mémoire, après interpellation du père de ladite demoiselle, âgée de seize ans quatre mois, d'articuler et signer les sujets graves de mécontentement sur la conduite de sa fille, ou les écarts dans lesquels elle serait tombée, et qui nécessiteraient des moyens de correction, aux termes des art. 369 et 371 du Code civil :

Vu la réponse de l'officier, chargé du minsitère public près le tribunal de...... et les déclarations données et signées par le père :

Vu l'ordre d'arrestation mentionné et le mandement de justice y couché à la suite :

« Aux gardiens des maisons de déten-
» tion, de recevoir ladite demoiselle.......
» et à tout détenteur de la force publique
» de prêter main-forte pour son exécu-
» tion : »

Et après avoir recueilli tous les renseignemens relatifs à la matière :

Attendu que de ces renseignemens il résulte que le but du père n'est autre que de se ressaisir de toute l'autorité paternelle que l'art. 367 du Code lui accorde sur sa fille, pour veiller par lui-même à son éducation et à son instruction, ce qui ne nécessitait pas le moyen extraordinaire autorisé par lesdits art. 369 et 371 du Code.

Le tout considéré, et usant du pouvoir à nous attribué par l'art. 376 du Code civil.

Révoquons l'ordre d'arrestation de la D[lle] Louise-Dominique-Jeanne de M., délivré par le président du tribunal civil de....., le 21 vendémiaire an 12, annullons en conséquence tous mandats d'exécution y couchés à la suite, ainsi que tout ce qui s'est fait en conséquence desdits mandats ;

Le sieur M. libre d'user des moyens puisés dans l'usage ordinaire de l'autorité paternelle, et que les lois lui donnent pour assurer à sa fille l'éducation que réclame son état, et que la surveillance et la piété paternelle ont dû ou doivent lui suggérer ;

Chargeons le procureur - général près la Cour, de tenir la main à l'exécution des présentes.

59. Nous avons vu que le père remarié ou non pouvait exercer seul et sans le concours de personne le droit de réquisition.

Nous avons vu également qu'aux termes de la loi la mère légitime et survivante, quoique non remariée, ne pouvait faire usage de ce droit qu'avec le concours des deux plus proches parens paternels ; et cette dernière disposition donne lieu à la question de savoir si l'unanimité est nécessaire pour que la réquisition soit exercée, c'est-à-dire s'il est indispensable que les deux plus proches parens, appelés par la mère, partagent son opinion, et s'il ne suffirait pas qu'un seul fût d'avis de requérir la détention de l'enfant, ce qui formerait la majorité?

Nous pensons que la volonté du législateur est expresse, il veut impérativement que la réquisition ne puisse être exercée dans le cas qui nous occupe que par le concours de trois personnes. Ainsi lorsqu'il y aura dissentiment entre les parens paternels, la détention ne sera pas requise. *Favores ampliandi.*

60. On peut se demander ici comment il faudra procéder lorsqu'il n'existera aucun parent paternel. La mère perdra-t-elle le droit de correction, ou bien sera-t-elle autorisée à appeler deux amis pour tenir la place des parens paternels?

Nous pouvons décider sans balancer que l'appel des amis est impraticable dans une telle circonstance, que la disposition de la loi est limitative, et que par suite, si le concours est impossible, tel que la loi l'a établi, la détention de l'enfant ne peut plus être requise.

61. On a dû s'occuper des formes dans lesquelles la détention serait prononcée. Le législateur a dû prendre toutes les précautions qu'a pu lui inspirer l'intérêt de conserver la réputation de l'enfant qui ne doit recevoir aucune atteinte d'une correction passagère et domestique. Aussi, lorsqu'un père exercera sur ses enfans les droits de la puissance paternelle, il n'y aura jamais aucune écriture ni formalité judiciaire, si ce n'est l'ordre même d'arrestation dans lequel les motifs n'en seront pas énoncés (1). On a remarqué avec raison, que donner de la publicité aux faiblesses des premières années, en éterniser le souvenir, c'eût été marcher directement contre le but qu'on s'était proposé; et de ces punitions mêmes qui n'étaient infligées à l'enfance

(1) Cod. civil. art. 378.

que pour épargner des tourmens à l'âge mûr, c'eût été faire naître des chagrins qui auraient flétri le reste de la vie.

62. Observons que dans tous les cas où l'ordre d'arrestation d'un enfant sera délivré, le père sera tenu de souscrire une soumission, de payer tous les frais et de fournir les alimens convenables (1).

63. Il est évident que la détention de l'enfant qui a oublié ses devoirs, n'est pas une peine proprement dite, mais une correction. Il eût été bien dangereux de l'enfermer dans les lieux de détention ordinaires; c'eût été l'envoyer au crime, et le remède aurait été pire que le mal si on l'eût confondu avec les prisonniers détenus ou pour délits ou pour dettes; il en serait souvent sorti plus vicieux et plus disposé à devenir criminel.

---

(1) Cod. civil. art. 378

Ces considérations faisaient sentir la nécessité d'établir des maisons de correction, mais il fallait un délai pour cet établissement; et en attendant, l'exécution de la loi ne devait pas être paralysée, le Conseil d'Etat a cru tout concilier en ne rendant pas la disposition trop précise.

En effet, les termes de la loi laissent au juge le soin de choisir le lieu de la détention, jusques au moment où les maisons de correction seront organisées. Ainsi, ce lieu pourra être un hôpital, une prison, une pension ou tout autre, où l'enfant pourra être détenu sans danger pour ses mœurs (1).

---

(1) Une ordonnance du 9 septembre 1814, porte que les détenus qui n'auraient pas atteint leur vingtième année seront extraits des prisons de Paris et remis dans une prison d'essai soumise à un régime particulier. Peut-être serait-il bien que cette maison de détention fût exclusivement réservée aux enfans de famille qui auraient donné des sujets de mécontentement à leurs parens.

64. La détention de l'enfant est un des effets de la puissance paternelle, et de ce principe, il suit que lorsque le fils n'est plus assujéti à cette puissance, le père ne peut plus ni par voie d'autorité, ni par voie de réquisition, attenter sur sa liberté.

D'après cette règle, supposons que trois mois avant la majorité de son fils, un père ait requis son emprisonnement pendant six mois.

Faudra-t-il que le fils, après avoir atteint sa vingt-unième année, demeure encore en détention ou bien sera-t-il en droit de faire cesser les effets de la puissance paternelle du moment qu'il s'en trouvera affranchi par sa majorité?

Nous pensons que l'enfant sera fondé à se pourvoir pour obtenir sa liberté, le jour même où il aura accompli sa vingt-unième année. *Cessante causa cessat effectus.*

65. Sous l'ancienne monarchie, dans les pays de droit écrit, on n'avait point égard à la rétractation du père, lors-

qu'une fois il avait déféré son fils à la justice, et on passait outre au jugement du procès. Basset rapporte un arrêt du parlement de Grenoble, du mois de novembre 1622, qui le décida ainsi. Ces principes n'ont pu passer dans nos mœurs, c'eût été méconnaître l'autorité paternelle que de fermer l'oreille à la voix du père, au moment où, n'écoutant plus que la clémence, il accorde à son fils un généreux pardon. Il fallait sans doute déclarer expressément que le père serait toujours libre d'abréger le temps de la détention par lui ordonnée ou requise(1). Cette disposition se prêtait, pour ainsi dire, au repentir des enfans, et à la bonté des pères; elle était imitative de leur tendresse, et aucun inconvénient n'était à craindre puisque si l'enfant retombait dans de nouveaux écarts, il devenait libre au père d'ordonner ou de requérir une nouvelle détention (2).

---

(1) Cod. civil. art. 376.
(2) *Ibid. Ibid.*

66. Remarquons que la cessation de la détention peut arriver indépendamment de la volonté du père. En effet, l'objet de la loi ne serait pas rempli s'il n'était pas pourvu au moyen de réparer quelques injustices, et de revenir sur les surprises qui pourraient être faites aux présidens des tribunaux de première instance. La raison exigeait que l'enfant détenu jouît de la faculté de s'innocenter aux yeux des magistrats chargés du soin de veiller au maintien de l'ordre public. En conséquence il pourra, dans tous les cas, adresser un mémoire au procureur-général du Roi en la Cour d'appel. Celui-ci, après s'être fait rendre compte par l'officier chargé du ministère public devant le premier juge, fera son rapport au président de la Cour d'appel, qui, après en avoir donné avis au père et avoir recueilli tous les renseignemens, pourra révoquer ou modifier l'ordre délivré par le président du tribunal de première instance(1).

67. Le tribunat s'est appliqué à com-

(1) Cod. civil. art. 382.

battre cette disposition en premier lieu comme inutile, et en second lieu comme dangereuse.

Comme INUTILE, disait-on, parce que rien n'empêche l'enfant détenu d'adresser un mémoire au procureur-général près la Cour d'appel sans que la loi s'en explique.

Comme DANGEREUSE, attendu que ce recours, pour être utile, devait amener une connaissance de cause, et que, dès-lors, on créait un procès scandaleux entre le père et le fils.

On répondit en premier lieu qu'il était indispensable de tracer au procureur-général, sa conduite, au cas où il recevrait un mémoire de la part du fils détenu, et qu'il n'appartenait qu'à la loi d'introduire des règles à cet égard.

D'un autre côté, on répondit que cette disposition ne présentait aucun inconvénient, car, les craintes d'établir un procès entre le père et le fils disparaissaient lorsqu'il était clairement exprimé que tout devait être traité, en cas de pourvoi, comme devant le président et l'officier chargé du ministère public en première instance, c'est-à-dire secrètement, et que le pourvoi ne suspendait pas l'ordre d'arrestation.

68. Nous observerons, en finissant ce chapitre, que les enfans naturels, légalement reconnus, sont assimilés aux enfans naturels légitimes, puisque les pères et mères peuvent exercer à leur égard les mêmes moyens de correction.

CHAPITRE II.

Des effets de la puissance paternelle quant aux biens des enfans de famille.

69. Chez les Romains, tout ce qu'acquérait le fils de famille appartenait absolument et de plein droit au père, et rien ne sortait de cette règle que par un privilége.

70. Les principes adoptés chez ce peu-

ple par rapport aux effets de la puissance paternelle, quant aux biens étaient contraires à la nature et à l'exacte équité, même dans le dernier état de la législation.

71. La plupart de ces principes étaient passés dans nos mœurs sous l'ancienne monarchie; les droits des pères étaient exorbitans, et tout concourait au moment de la réforme de nos lois civiles, pour solliciter à cet égard des règles plus sages et plus conformes à la justice.

72. Après avoir constitué la puissance paternelle, a dit éloquemment l'orateur du gouvernement, après avoir établi les droits qu'elle accorde, fixé ses limites et sa durée, après avoir ainsi, de concert avec la nature, donné des alimens, des défenseurs à l'enfance, des soins, des instructions, une bonne éducation à la jeunesse, c'est-à-dire, après avoir établi quels sont les droits onéreux attachés à l'exercice de la puissance paternelle, le

législateur a dû en déterminer les droits utiles.

73. Ainsi le père seul durant le mariage et après la dissolution du mariage, le survivant des père et mère, auront la jouissance des biens de leurs enfans jusqu'à l'âge de dix-huit ans accomplis ou jusqu'à l'émancipation qui pourrait avoir lieu avant l'âge de dix-huit ans (1). Il y a mieux encore, et il a été jugé que lorsque la mère exerçait la tutelle légitime de ses enfans au moment de la promulgation du Code civil, elle perdait

(1) Cod. civil. art. 384. Un avis du Conseil-d'État, approuvé le 30 janvier 1811, porte que les biens composant les majorats ne sont pas compris dans cette jouissance.

Il en est de même pour les biens donnés sous la condition que les pères et mères n'en jouiront pas, ce qui doit toujours s'entendre dans ce sens : que l'un des époux ne puisse jamais priver le survivant de l'usufruit des biens qui composent la réserve légale. Il est bien entendu que si les époux ne sont pas communs en biens, le père seul profitera de l'usufruit légal.

son ancienne qualité, recevait ses enfans dans sa puissance, et jouissait de la totalité de leurs biens, conformément à l'art. 384 du Code civil.

Comme ce point de doctrine avait fait naître quelques difficultés, nous pensons qu'il sera utile de rapporter ici un arrêt rendu par la Cour d'appel de Paris. Nous puiserons l'analyse des faits et l'arrêt textuel dans la jurisprudence du Code civil.

74. Les mariés *Cadeau-d'Assy* eurent plusieurs enfans.

Après le décès du père, la mère fut chargée de la tutelle.

En l'an 12, en vertu des articles 372 et 390 du nouveau Code, elle prétendit que ses enfans devaient tomber sous sa puissance, et, en conséquence, elle offrit de rendre ses comptes de tutelle.

Les parens s'assemblèrent pour les recevoir, et nommèrent le sieur Prévôt de Long-Perrier, subrogé-tuteur.

Le procès-verbal du conseil de famille fut d'abord entériné quant à cette nomination, mais le tribunal renvoya les parties à se pourvoir pour fixer l'époque à laquelle devait finir le compte de tutelle.

La veuve Cadeau-d'Assy cita ses enfans et leur subrogé-tuteur en conciliation, et les traduisit devant le tribunal civil de Paris.

Ces derniers soutinrent qu'ils ne pouvaient être placés sous la puissance de leur mère; que celle-ci ne pouvait leur enlever la jouissance et l'usufruit de leurs biens et qu'elle devait continuer de gérer comme auparavant.

Jugement du 12 ventose an 12, dont voici les termes :

Le tribunal,

Considérant que l'article 384 du Code civil porte : « Le père, durant le mariage, et après la dissolution du mariage, le survivant des père et mère, auront la jouissance des biens de leurs enfans jusqu'à l'âge de dix-huit ans accomplis, ou jusqu'à l'émancipation qui pourrait avoir lieu avant l'âge de dix-huit ans. »

Considérant que cette loi du 3 germinal an 11, en établissant la puissance paternelle, en règle en même temps les attributs, les effets et les conditions;

Considérant que la jouissance accordée aux père et mère des biens de leurs enfans étant un droit absolument distinct et séparé de la tutelle, mais inhérent et indivisible de la puissance paternelle, et ne devant avoir son effet qu'à compter du jour de la promulgation de la loi du 3 germinal an 11, ne peut être considéré comme produisant un effet rétroactif;

Sans s'arrêter aux fins de non-recevoir dudit Prévôt de Long-Perrier, en qualité de subrogé-tuteur des mineurs Cadeau-d'Assy, et faisant droit sur la demande de ladite veuve Cadeau-d'Assy, ordonne qu'elle jouira des revenus des biens de ses enfans mineurs, conformément aux dispositions de la loi du 3 germinal an 11, à compter du jour de sa promulgation : tous dépens compensés entre les parties qu'elles pourront respectivement employer en frais de tutelle.

Appel de ce jugement par les mineurs.

Toute leur défense consistait à dire, que l'art. 384 ne leur était point applicable; que les placer sous la puissance de leur mère, ce serait préjudicier au droit qu'ils avaient acquis de jouir de leurs biens, et d'en demander compte à leur tutrice.

La puissance maternelle, disaient-ils, est une institution nouvelle; elle ne doit être exercée que sur les enfans dont le père est mort depuis le Code, et non sur ceux qui en sont déjà affranchis par les lois anciennes. Autrement, ce Code, qui empêcherait l'effet de ces anciennes lois, qui déclarerait mineur celui qu'elles ont reconnu majeur, produirait évidemment un effet rétroactif réprouvé par l'art. 2.

La même raison se reproduit, et plus fortement encore, à l'égard des biens; par le décès de leur père, les mineurs ont acquis la possession et la propriété de tout ce qui composait sa succession. Ils en jouissaient à l'époque de la promulgation du Code : on ne peut, en aucun cas, les en dépouiller.

Ils avaient un *droit acquis* sur le *droit de jouir;* celui-ci s'étend sur la jouissance à venir comme sur celle du passé; on ne peut faire une distinction sans morceler, sans restreindre ce droit; ce serait sans doute encore, sous ce rapport, donner au nouveau Code un autre effet rétroactif.

La mère a géré en qualité de tutrice chargée de rendre compte; le Code l'a saisie dans cette qualité; il doit l'y laisser, il ne peut pas plus l'en faire sortir qu'il ne peut enlever aux enfans le droit qu'ils avaient acquis sur la jouissance.

Ainsi la mère doit, même depuis le Code, continuer sa gestion, sauf à elle à rendre compte à la fin de la tutelle; elle ne peut se décharger de cette obligation et intervertir son droit au préjudice de ses enfans.

Le défenseur de l'intimée répondait que la mère, ci-devant tutrice, était fondée à réclamer la jouissance des biens de ses enfans mineurs jusqu'à ce qu'ils eussent atteint l'âge de dix-huit ans ou jusqu'à leur émancipation.

Son droit résulte, disait-il, de l'art. 384 du Code civil, qui accorde « au survivant » des père et mère, la jouissance des » biens de leurs enfans, jusqu'à l'âge de » dix-huit ans ou jusqu'à ce qu'ils aient » été émancipés. »

Dira-t-on que la loi n'a entendu parler que des biens qui pourront écheoir, par la suite, aux enfans?

La loi ne fait point de distinction ; elle dit expressément que le père ou le survivant des père et mère, auront *la jouissance des biens de leurs enfans ;* ce qui comprend tant les biens présens que ceux à venir. Pourquoi d'ailleurs aurait-elle fait une exception des biens présens? Son motif, en établissant la puissance paternelle, a été de fortifier l'autorité des père et mère, d'inspirer aux enfans plus de respect pour les auteurs de leurs jours, de les y attacher plus fortement en les tenant dans leur dépendance, et surtout de prévenir ces procès scandaleux que produisaient si fréquemment les redditions de compte de tutelle. On ne peut pas supposer, d'après ces motifs, que la loi ait voulu faire une exception qui contrarierait le but qu'elle s'était proposé.

Ainsi la distinction entre les biens actuels du mineur, et ses biens à venir, ne peut être admise.

Dira-t-on, comme on l'a fait, que ce serait donner à la loi un effet rétroactif que d'accorder à la mère la jouissance des biens qui appartenaient à ses enfans avant la promulgation de la loi, parce que la succession du père s'est ouverte sous d'autres lois, qui assuraient aux enfans la propriété et la jouissance de ces mêmes biens, et que la tutelle n'a été déférée à la mère qu'à la charge de rendre compte, ce qui était conforme aux lois existantes alors.

Mais on ne pourrait objecter l'effet rétroactif que dans le cas où la mère prétendrait aux revenus échus antérieurement à la loi. Ces revenus ayant été perçus dans un temps où la propriété comme la jouissance en appartenaient aux enfans, et où le tuteur était chargé de leur en rendre compte, la jouissance accordée postérieurement à la mère ne peut pas se reporter sur ces objets.

Il n'en est pas de même de la jouissance des revenus à écheoir. La loi a pu en changer la destination sans qu'il y ait effet rétroactif, puisque sa disposition, à cet égard, n'embrasse que l'avenir.

En un mot, la loi établit la puissance paternelle : elle en règle les effets et en fixe les attributs : elle y attache la jouissance des biens des mineurs. A l'instant où cette puissance paternelle commence, doivent aussi commencer tous les droits qui la constituent et qui en sont les accessoires : on ne peut point dire qu'il y ait d'effet rétroactif sous prétexte que la propriété en appartenait antérieurement aux enfans, sans charge de jouissance : la loi a certainement pu imposer cette charge pour l'avenir.

A l'égard de la condition de rendre compte, sous laquelle la tutelle a été déférée, cette considération cesse devant la loi, qui a pu également changer cette condition pour l'avenir. Il ne s'agit point d'ailleurs de tutelle ; ce n'est point à la qualité de tuteur que la jouissance est accordée, mais à la puissance paternelle qui est indépendante de la tutelle, et qui n'en subsisterait pas moins avec ses attributs quand il y aurait un tuteur étranger. Aussi est-il à remarquer que ce n'est point la loi relative à la tutelle qui confère aux père et mère le droit de jouissance, mais celle qui constitue la puissance paternelle.

ARRÊT TEXTUEL.

Ouï M. Mourre, procureur-général, en ses conclusions, tendant à la confirmation du jugement dont est appel :

Le tribunal,

Adoptant les motifs des premiers juges, dit qu'il a été bien jugé, mal appelé, etc.

3 germinal an 12. 1re section.

75. Observons que la jouissance accordée par le législateur au survivant des

père et mère entraîne avec elle des charges.

Elles consistent :

1°. En toutes celles auxquelles sont tenus les usufruitiers;

2°. Dans la nourriture, l'entretien et l'éducation des enfans selon leur fortune;

3°. Dans le paiement des arrérages ou intérêts des capitaux;

4°. Dans les frais funéraires et ceux de dernière maladie (1).

76. Une disposition bienfaisante de la loi fait cesser la jouissance des biens des enfans pour celui des père et mère contre lequel le divorce (2) aurait été prononcé, et même dans le cas d'un second mariage. Celui des deux époux qui se sépare de la famille ou qui brise les nœuds les plus sacrés, pouvait-il y être compté encore

---

(1) Cod. civil. art. 386.

(2) Ceci ne peut plus avoir d'application depuis l'abolition du divorce, mais nous conservons notre remarque jusqu'à ce qu'une loi ait déterminé les formes et les effets de la séparation de corps.

pour quelque chose et en conserver les droits? Chacun s'empresse de répondre que celui qui foule aux pieds toutes les lois humaines ne peut plus être admis à les invoquer.

77. Nous avons déjà vu que la jouissance des biens des enfans n'appartient au survivant des pères et mères, que jusqu'à l'âge de dix-huit ans accomplis (1). Cette règle qui, en elle-même est fondée sur les motifs les plus sages, avant d'être consacrée dans le Code ci-

(1) Ce droit est indépendant de la tutelle : ainsi, la mère qui n'accepte point la tutelle, le père, dispensé par excuse légitime, ou exclus pour cause d'incapacité, ne perdent point l'usufruit sur les biens de leurs enfans.

Mais la loi en prive celui des époux qui, à la mort naturelle ou civile de l'autre époux, n'a point fait rapporter inventaire des biens dépendans de la communauté. Cod. civil. art. 1442.

La loi privait également de cet usufruit celui des père et mère contre lequel le divorce avait été prononcé. *Ibid.* art. 386.

Aujourd'hui que la loi du divorce est abolie, pourrait-on décider de la même manière à l'évil, avait fait naître des difficultés. On objectait que la jouissance des pères devait durer jusqu'à la majorité ou jusqu'à l'émancipation.

Si les enfans, disait-on, à l'appui de ce système, reprennent la jouissance de leurs biens, le père deviendra comptable des fruits perçus depuis cette époque. Or, c'est précisément cette comptabilité qu'il était essentiel d'éviter, parce qu'elle pouvait tendre à affaiblir la puissance paternelle qu'il était si intéressant de conserver.

On répondait avec avantage à ces objections, que si les pères eussent joui des biens des enfans jusques à la majorité, on aurait eu à craindre que pour

---

gard de l'époux contre lequel la séparation de corps aurait été prononcée pour cause de divorce, ou tout autre motif déterminé?

Nous ne le pensons pas, et ce qui nous détermine, c'est que, dans l'état actuel des choses, par la séparation de corps, le lien conjugal n'est pas rompu. Au reste, une nouvelle loi sur cette matière est attendue avec une grande impatience.

conserver cet avantage dans toute son étendue, ils ne se refusassent à émanciper ou à marier leurs enfans. Ces motifs prévalurent, et la durée de l'usufruit des père et mère (1) survivant, fut fixé à l'époque ou leurs enfans auraient atteint leur dix-huitième année (2).

78. Nous finirons ce chapitre par faire remarquer que la jouissance dont

---

(1) Remarquons que la mére, lorsqu'elle se marie, perd cet usufruit, et non pas le père. Cette différence vient de ce que la mère qui se remarie passe dans la famille de son nouveau mari, tandis que le père reste toujours chef de sa famille.

On nous a demandé, en 1809, si la femme qui avait perdu la jouissance de l'usufruit par un second mariage, voyait revivre à son profit cette jouissance, dans le cas où elle deviendrait veuve avant que ces enfans eussent atteint l'âge de dix-huit-ans; nous nous sommes déterminés pour la négative par le motif que ce qui a cessé ne peut plus avoir d'effet.

(2) Cod. civil. art. 387.

il s'agit ici, ne s'étendra pas aux biens que les enfans peuvent acquérir par un travail et une industrie séparés, ni à ceux qui leur seront donnés ou légués sous la condition expresse que les père et mère n'en jouiront pas (1).

L'encouragement dû au travail et à l'industrie, et le respect pour les volontés raisonnables, consignées dans un acte de libéralité, exigeaient cette exception salutaire. Par elle, un aïeul qui voudra favoriser ses petits-enfans, et qui connaîtra son fils pour un dissipateur, pourra s'assurer que les revenus destinés à l'entretien et à l'éducation des mineurs, ne seront pas divertis.

Par elle, enfin, l'enfant que des talens précoces mettront à même d'acquérir des biens, au moment où pour l'ordinaire, les enfans de son âge sont à la charge de leurs parens, pourra faire tourner à son profit les fruits de son industrie et de son application.

---

(1) Cod. civil. art. 387.

TITRE IV.

Le père est-il responsable des délits et des fautes des enfans qui sont sous sa puissance ?

79. Nous avons vu dans le précédent chapitre, quelles charges entraînait l'usufruit accordé aux pères et mères survivans, sur les biens de leurs enfans mineurs. C'est le lieu d'examiner ici qu'elle sorte de responsabilité entraîne la qualité de père, par rapport aux délits et aux fautes que commettent leurs enfans.

80. Chez les Romains, le fils de famille était seul responsable de ses délits et de ses fautes (1) ; si le délinquant était un homme libre, il était abandonné au

(1) *De noxalibus actionibus*, au ff. leg. 33 et 34.

soin de sa propre défense (1) ; le père n'était pas même jusques à un certain point civilement responsable des quasi-délits du fils, qu'il avait sous sa puissance (2).

---

(1) *Quod si liber est qui in potestate sit, indistincte ipsi sui defensio danda est......... Quoties enim nemo filium familias ex causa delicti defendit in eum judicium datur....... et si condemnatus fuerit filius judicatum facere debet tenet enim condemnatio...... quin imo etiam illud dicendum est patrem quoque post condemnationem filii duntaxat de peculio, posse conveniri.*

(2) *Si filius familias cœnaculum conductum habuit et inde dejectum vel effusum quid sit de peculio in patrem non datur, quia non ex contractu venit : in ipsum itaque filium hæc actio competit.*

Il semble d'abord que les termes de cette loi soient en opposition avec les termes des lois 33, 34 et 35, *au digeste de noxalibus actionibus ;* mais c'est là une erreur évidente. C'était à Rome une règle de droit, qu'on ne donnait pas d'action péculière contre le père lorsqu'il s'agissait de délits commis par l'enfant qu'il avait sous sa puissance. *Ex pœnalibus causis non solet in*

Il fallait d'abord attaquer le fils, le faire condamner, et n'exercer de poursuite péculière contre le père, qu'après avoir épuisé ces moyens; une multitude de textes concourent pour établir que le père n'était sujet, jadis, parmi nous, pour les délits de son fils, qu'à l'action péculière, et de là résulte nécessairement la conséquence qu'il n'était tenu à rien lorsque cette action manquait.

Ainsi, hors les cas où l'action péculière avait lieu, un père ne pouvait être soumis à la réparation civile des délits de ses enfans.

Des arrêts nombreux cités par *Auzanet*, *Bouchel*, *Larocheflavin*, *Boniface* et *Britton*, attestent cette doctrine.

---

patrem de peculio actio dari. leg. 58. ff *de regul. juris*. Toutefois cette règle n'empêchait pas qu'après avoir fait condamner le fils délinquant on n'intentât contre le père l'action appelée *judicato*, jusqu'à concurrence du pécule. Cette action alors n'était pas fondée sur le délit, mais sur le jugement que le délit avait provoqué.

81. Il est essentiel d'observer ici que la règle que nous venons d'établir admettait quelques exceptions.

La première était prise du cas où le père prenait lui-même la défense de son fils accusé, ou, ce qui était la même chose, l'autorisait à se défendre.

La seconde était prise du cas où le fils avait causé quelque dommage à un tiers en remplissant les fonctions ou les travaux auxquels son père l'avait préposé.

La troisième était prise du cas où le père avait *connivé* aux délits de ses enfans, et s'en était en quelque sorte rendu le complice en ne les empêchant pas autant qu'il l'aurait pu.

De nos jours, le nouveau législateur a introduit sur cette matière les principes les plus sages : par une disposition expresse, il déclare que le père, et la mère après le décès du mari, sont responsables du dommage causé par leurs enfans mineurs habitant avec eux, à moins que les père et mère ne prouvent qu'ils n'ont pu empêcher le fait qui donne lieu à cette responsabilité (1).

82. De ce texte, il suit bien évidemment 1° qu'afin que la responsabilité ait lieu, il faut que les enfans mineurs habitent avec le père ou la mère, car s'ils sont en pension ou en apprentissage, l'instituteur ou le maître sont seuls responsables; 2° que lorsque le père ou la mère peuvent prouver qu'ils sont étrangers aux délits de leurs enfans et qu'ils ont fait tous leurs efforts pour les empêcher, ils sont admis à se faire décharger de toute responsabilité.

---

(1) Cod. civil. art. 1384.

TITRE V.

Le père est-il responsable des dettes contractées par les enfans qui sont sous sa puissance ?

83. SELON les principes du droit romain, lorsque le fils de famille avait un pécule profectice, le père était tenu de payer ses dettes jusqu'à concurrence de ce qui s'y trouvait, parce qu'il était censé avoir consenti, en lui en laissant l'administration, qu'il contractât autant d'obligations que ce pécule pourrait en supporter (1).

(1) Les lois 44, 45, 46. ff *de peculio* contiennent à cet égard les dispositions les plus précises; en voici la traduction littérale : « Celui qui contracte avec un fils de famille, a deux débiteurs ; savoir, le fils de famille pour le tout, et son père jusqu'à concurrence de son pécule,

84. Le père était tenu des dettes de son fils lorsqu'il en était résulté pour lui un profit quelconque; et, dans ce cas, l'action des créanciers ne pouvait pas excéder à son égard le montant de ce profit (1).

C'est pourquoi le père, s'il avait ôté à son fils l'administration de son pécule, le fils n'en serait pas moins soumis à toutes les poursuites de ses créanciers. Celui qui accorde à son fils l'administration d'un pécule, est censé lui permettre, en termes généraux, ce qu'il aurait pu lui permettre spécialement. »

(1) Si ceux qui sont sous la puissance d'autrui n'ont rien dans leur pécule, ou que ce qui s'y trouve ne suffise pas pour remplir leurs obligations, ceux qui les ont sous leur puissance ne laissent pas d'être tenus, à raison de ce que ces obligations leur ont profité, comme si c'était avec eux-mêmes que les créanciers eussent contracté. Leg. 1. ff *de in rem verso*. . . . .

Si un fils de famille ou un esclave a acquis un fonds pour son père ou pour son maître, il n'est point douteux que l'obligation qu'il a contractée à cet effet, n'ait tourné à l'avantage de l'un de ceux-ci, mais ce profit doit être estimé de manière que si le fonds ne vaut pas ce que l'on a

Mais lorsque le fils n'avait point de pécule ou seulement lorsqu'il avait un pécule insuffisant pour remplir ses obligations, le père n'était tenu à rien s'il était prouvé qu'il n'avait tiré aucun profit des transactions du fils qui était en sa puissance.

Au reste, la jurisprudence des arrêts était jadis parmi nous conforme à ces principes.

Nous n'avons parlé jusqu'à présent des dettes du fils de famille qu'en les supposant contractées sans l'aveu du père. Examinons maintenant quel effet pouvait produire l'aveu du père, ou, ce qui est la même chose, son autorisation.

La loi première au digeste *quod jussu* décide d'une manière expresse que le

---

promis d'en payer, le père ou le maître ne soit tenu qu'à raison de sa véritable valeur et que si, au contraire, on en a promis moins qu'il ne vaut en effet, le prix de l'achat soit la mesure de l'action des créanciers. Leg. 12. ff *de in rem verso*. Voyez, en outre, la loi 19 et la loi 20. *Ibid. Ibid.*

père était tenu solidairement de toutes les obligations qu'il avait autorisé son fils à contracter (1).

S'il en était ainsi lorsqu'il s'agissait d'intérêts privés, à plus forte raison devait-on adopter les mêmes règles lorsque le fils de famille était promu à des fonctions publiques avec le consentement de son père; on regardait le consentement de celui-ci comme un véritable cautionnement. C'était donc sur le père seul que retombaient les suites de la mauvaise gestion du fils qu'il avait cautionné (2).

---

(1) *Omnia proconsul agit, ut qui contraxit cum eo qui in aliena potestate est... in quantum ex æquo et bono res patitur suum consequatur sive enim jussu ejus cujus in potestate sit, negotium gestum fuerit in solidum eò nomine judicium pollicetur.*

Plusieurs arrêts, rapportés par les arrêtistes de nos parlemens, ont jugé conformément à ces principes

(2) Si votre père, dit la loi 1 au Code *de decurionibus*, a voulu que vous fussiez décurion, et que cet honneur vous ait été déféré de son vivant, ses héritiers sont tenus envers l'État, car

Ainsi si le fils de famille avait été créé décurion malgré son père, *invito patre*, le père ne pouvait être responsable ni du dol ni de la négligence du fils.

---

le père a fait à cet égard le rôle de *fiédjusseur*. Toutefois on ne peut se pourvoir contre les héritiers qu'après avoir discuté tous vos biens.

C'est d'après ce texte que le conseil souverain de Mons avait décidé, le 21 août 1709, qu'un père, en consentant que son fils fût nommé MAÏEUR d'une seigneurie, s'était rendu responsable de sa gestion. Voyez le Recueil manuscrit de M. Talon, conseiller au conseil souverain de Mons.

Le même texte avait servi de motif à un arrêt du parlement de Grenoble, du 28 mai 1637, rapporté par Basset, tom. II, liv. IV, tit. X, chap. 4. Il s'agissait de savoir si un père était tenu du maniement des deniers d'une communauté d'habitans dont son fils était receveur. On disait, pour l'affirmative, que le père et le fils, vivant ensemble, le premier avait consenti à ce que le second fût chargé de cette recette. Par l'arrêt cité, il fut dit que le père paierait le reliquat du compte, en cas d'insuffisance des biens du fils, discussion d'iceux préalablement faite; et pour les dépens adjugés contre le fils, le père en fut déchargé parce qu'il n'avait point été appelé en justice. Mais l'arrêt porte, à con-

85. Sous l'empire de notre nouvelle législation, il est de principe que le fils de famille ne peut valablement s'obliger, et par suite il nous est facile de décider qu'il ne peut obliger son père.

Quant à l'exercice des fonctions publiques, les règles pratiquées chez les Romains, et parmi nous sous l'ancienne monarchie, ne peuvent aujourd'hui trouver leur application, puisque le fils est affranchi de la puissance paternelle par sa majorité, et qu'avant cet âge nul ne peut exercer de charges publiques.

Il ne pourrait y avoir de difficulté qu'à l'égard du commerce des mineurs; mais une disposition formelle de la loi veut que le mineur qui se livrera au commerce soit préalablement émancipé. Code civil, art. 487 et 1308.

---

dition que les biens du fils seront premièrement imputés sur les dépens, et après sur le reliquat.

TITRE VI.

Quelle est l'influence de la puissance paternelle sur la capacité ou l'incapacité d'état du fils de famille?

86. SELON les règles du droit romain, le fils était frappé d'incapacité, il ne pouvait, à l'exception de quelques cas, acquérir que pour son père.

Parmi nous, sa situation est moins rigoureuse : la loi veut que le fils de famille fasse siens les biens qui lui échoient par succession, les biens qu'il acquiert par un travail et une industrie séparés, et enfin les biens qui lui sont donnés ou légués (1).

87. A la vérité, le fils de famille qui n'est pas émancipé ne peut aliéner valablement; mais cette disposition ne saurait lui être onéreuse; elle est, au con-

(1) Cod. civil. art. 384.

traire, dictée par la sollicitude du législateur.

88. L'un des principaux effets de la puissance paternelle est de tenir le fils de famille dans un état de subordination et de respect envers les auteurs de ses jours, et par suite de le rendre incapable, 1°. de faire par lui-même le choix d'une profession;

2°. De contracter un mariage;

3°. De quitter, pour quelque cause que ce soit, à moins qu'il ne s'agisse d'un enrôlement volontaire, la maison paternelle.

89. Le fils se trouve en effet placé sous la surveillance et sous la direction du père; s'il s'éloignait de son domicile sans son consentement, des liaisons dangereuses pourraient corrompre ses mœurs, dégrader son âme, encourager des penchans vicieux, et le révolter contre l'obéissance qu'il doit aux volontés d'un père.

Le choix d'une profession décide toujours du bonheur ou du malheur de notre vie: c'est par nos soins, notre travail, que nous acquérons cette aisance qui produit à son tour la liberté et l'indépendance des besoins; il fallait que l'inexpérience de l'enfant fût guidée par l'expérience du père, et par suite il devait être frappé d'incapacité pour prendre à cet égard une détermination jusques à l'époque de sa majorité.

Le mariage est l'acte le plus important de la vie de l'homme; il devient la source de sa joie, de sa consolation dans les peines lorsque les nœuds en sont bien assortis; mais il est aussi la source des plus grands chagrins lorsque la prudence et la sagesse n'ont pas présidé au choix de notre compagne.

Ce choix était si fort important pour le sort et la prospérité des familles, que le fils, même après sa majorité, ne pourra contracter mariage sans le consentement de ses père et mère (1). Il est déclaré in-

(1) Cod. civil. art. 148.

habile et incapable jusqu'à l'âge de vingt-cinq ans accomplis.

90. Toutefois on a prévu le cas où un père, n'écoutant que sa haine pour une famille, l'intérêt ou tout autre motif de cette nature, s'opposerait constamment au bonheur de son fils, et dès-lors le législateur a voulu que le fils depuis l'âge de vingt-cinq ans jusques à l'âge de trente, et la fille depuis l'âge de vingt-un ans jusques à l'âge de vingt-cinq ans accomplis, pussent contracter mariage après avoir, par un acte respectueux et formel, demandé le conseil de leur père et de leur mère, ou celui de leurs aïeuls ou aïeules, lorsque leur père et leur mère sont décédés ou dans l'impossibilité de manifester leur volonté (1).

Cet acte devra être renouvelé de mois en mois; et trente jours après le troisième acte, il pourra être passé outre à la célébration du mariage (2).

---

(1) Cod. civil. art. 151.
(2) *Ibid.* art. 152.

91, Observons que lorsque le fils aura atteint l'âge de trente ans et la fille celui de vingt-cinq, il pourra, à défaut de consentement sur un acte respectueux, être passé outre à la célébration du mariage (1).

92. Les actes respectueux devront être notifiés par deux notaires, ou un notaire et deux témoins. Le procès-verbal, qui sera dressé, devra faire mention de la réponse (2).

93. Depuis l'émission du Code civil, on a agité la question de savoir si

---

(1) Cod. civil. art. 148 et suiv.

(2) *Ibid. Ibid.* Un décret du 18 février 1809 soumet les filles qui veulent s'engager dans les congrégations hospitalières, avant l'âge de vingt-un ans, à se conformer aux art. 149, 150, 159 et 160 du Code civil. Il est remarquable ici que ce décret ne rappelle pas l'art. 151, d'où on doit conclure que les filles majeures de vingt-un ans, peuvent se dispenser de demander conseil de leurs père et mère ou autres ascendans, pour entrer dans une congrégation religieuse, où, cependant, elle doit s'engager pour cinq années.

les actes respectueux, exigés par la loi pour contracter mariage, devaient être faits à la requête de l'enfant, ou s'ils pouvaient être faits à la requête d'un tiers comme fondé de pouvoir.

On a demandé encore si l'enfant était tenu de comparaître avec les notaires au moment de la notification.

Ces deux questions ont été décidées par un arrêt dont nous allons recueillir l'espèce; la discussion qui a précédé la décision du juge, peut faire connaître à fonds la matière qui nous occupe.

Pendant la révolution, la jeune Driencourt avait contracté mariage de l'agrément de ses père et mère.

Ce mariage ne fut pas heureux. Divorce.

A peine libre de ses premiers liens, la D^lle Driencourt veut en former des seconds.

Cette nouvelle union étant réprouvée par ses père et mère, elle ne peut se résoudre à demander leur conseil en son nom; elle préfère employer le ministère d'un tiers.

La veille de la célébration du mariage, les père et mère Driencourt y forment opposition, attendu que leur fille n'a point demandé leur conseil, d'après les formes voulues par la loi.

Instance devant le tribunal civil de Laon.

Jugement qui ordonne la main-levée de l'opposition, et déclare régulier et valable l'acte respectueux dont s'agit.

Sur l'appel, les père et mère Driencourt soutenaient qu'il n'est pas possible de donner une plus fausse interprétation à l'art. 151 du Code, et d'en saisir plus mal l'esprit que ne l'ont fait les premiers juges. Cet article, disaient-ils, prescrit *aux enfans de famille de demander le conseil de leurs père mère*, et l'on a décidé qu'un étranger peut remplir ce devoir! Comment! lorsqu'il s'agit d'un acte qui doit influer sur le sort de toute une famille; lorsqu'il s'agit de dévoiler des secrets importans, de faire de pressantes représentations, de mettre sous les yeux d'un fils les dangers auxquels son obstination doit l'exposer, on décide que sa présence n'est pas nécessaire à l'acte, et qu'il peut se faire représenter par un étranger; mais ce tiers n'est-il pas toujours un homme disposé à caresser les fantaisies de celui qui lui confie ses pouvoirs? n'a-t-il pas pris, en sa qualité de mandataire, l'engagement de remplir fidèlement les intentions de son commettant? s'il s'adresse aux père et mère, n'est-ce pas de sa part une démarche nécessairement vaine, un acte de pure condescendance, un détour malicieusement pratiqué pour éluder la loi?

On objecte que, lorsqu'un père s'oppose à l'alliance de son fils, il est absolument indifférent que l'acte respectueux soit fait en son nom, ou à la requête d'un fondé de pouvoir.

Erreur étrange! en imposant ce devoir au fils, la loi exige de sa part moins un acte judiciaire qu'une marque de respect et de soumission; s'il lui donne lui-même ce signe de déférence par un acte exprès et formel, il paie à son père un dernier tribut d'hommage; s'il charge un étranger de remplir cette obligation, il se joue de la loi, il méprise l'auteur de ses jours, et, sous ce rapport, il ne mérite pas d'être admis à célébrer son mariage.

Quelque répugnance qu'un enfant ait à remplir cette formalité, il ne peut s'y soustraire; quand il s'agit de mariage, la confiance que les lois accordent si justement aux pères et mères est sans bornes; elles ne font que respecter les droits qu'ils ont de fermer l'entrée de leur famille à ceux qu'une passion aveugle chercherait à y introduire. Si la jeune Driencourt n'est plus dans cet âge où les droits des parens sont absolus; si, contre leur gré, elle peut passer outre à son mariage; s'il ne leur reste que les moyens de douceur et de persuasion, qu'on ne cherche pas du moins à les leur ravir en rompant entre eux toute communication par l'entremise d'un inconnu.

On objecte encore qu'en thèse générale, l'on peut se faire représenter dans tous les actes où la présence des personnes n'est pas expressément requise. Or, l'article 151 ne l'exige point : l'acte respectueux a donc pu se faire par le ministère d'un tiers.

Quelle conséquence funeste entraînerait un pareil principe ! Il faudrait en conclure, par exemple, que l'art. 75. liv. 1er du Code, n'exigeant point la comparution des parties en personne, elles pourraient aussi se faire représenter pour la célébration de leur mariage; il faudrait soutenir que l'art. 262, liv. 3, ne requérant pas expressément cette présence, le testateur aurait le droit de dicter ses dispositions par la bouche d'un mandataire. Qu'elle absurdité! non, il faut le dire, dans le cas actuel, comme dans les deux précédens, quoique la loi ne soit pas positive sur la comparution personnelle de la fille dans l'acte, il est évident que sa présence y est nécessaire; elle ne peut pas plus recevoir le conseil de son père par l'entremise d'un tiers, que le père ne pourrait le lui donner par cette voie. Le mot *conseil*, employé dans la loi, indique assez que la présence du *consultant* est essentiellement requise à l'acte, lorsqu'il s'agit pour le fils de l'action la plus importante de sa vie, et pour le père, de faire respecter son autorité.

La demoiselle Driencourt, intimée, soutenait le bien jugé de la décision attaquée, en s'appuyant sur la lettre même et le texte de la loi.

Voici l'analyse de son système :

Chaque fois que le législateur juge que la présence des parties est nécessaire, il a soin de l'indiquer spécialement dans la loi même. C'est ainsi que, dans l'article 230, liv. 1, il est ordonné que l'époux demandeur en divorce, présentera sa requête *en personne* au président du tribunal, à moins qu'il n'en soit empêché par maladie.

Il en est encore de même chaque fois que le législateur, au lieu de se borner à une personne, indique en outre celle qui, à son défaut, doit la remplacer. On en voit un exemple dans l'art. 56, liv. 1 du Code.

Au surplus, de quoi les enfans sont-ils tenus ? De demander l'avis de leurs père et mère. Si toute l'obligation consiste dans une simple *demande*, il importe bien peu comment et par qui elle sera faite; la seule chose nécessaire est que l'enfant donne cette marque de déférence aux auteurs de ses jours. Or, l'objet de la loi est également rempli, soit qu'il emploie un fondé de pouvoir, soit que lui-même forme cette demande par écrit. Dans tous ces cas, il y a véritablement acte de respect, de soumission et de déférence.

Si du texte de la loi l'on passe à son esprit, la question n'est plus douteuse: car de quelle utilité serait dans l'acte cette comparution de la fille, lorsque chacun d'eux a pris sa résolution, que l'un persiste dans ses refus et que l'autre veut passer outre à son mariage? à quoi bon cette présence à l'acte? pour quelle fin exiger de celle-ci une démarche pénible quand elle est sans but et sans objet? c'est la placer mal à propos dans une pénible contrainte, c'est vouloir inutilement l'exaspérer, tandis que l'entremise d'un tiers écarte tous ces inconvéniens.

ARRÊT TEXTUEL.

Considérant que par l'acte respectueux du 11 messidor, la demoiselle Driencourt a satisfait à tout ce qui est prescrit par l'article 151 du Code civil, et que, ni cette loi, ni les anciennes, n'exigeaient sa présence à cet acte, dit qu'il a été bien jugé.

17 Frimaire an 12 (1).

---

(1) Voyez la jurisprudence du Code civil. tom. 1er, pag. 241.

TITRE VII.

A quelle époque finit la puissance paternelle, et quelles causes la font cesser ?

94. Dans nos mœurs actuelles, la majorité fait cesser de plein droit la puissance paternelle; avant cet âge il est encore deux manières d'en être affranchi : savoir, l'émancipation directe, et l'émancipation indirecte.

95. Le mineur qui est affranchi de la puissance paternelle, par un acte formel de son père ou de sa mère survivante, est émancipé directement.

Le mineur qui se marie du consentement de ses père et mère, est émancipé d'une manière indirecte.

96. Sous l'ancienne monarchie, il existait plusieurs emplois et dignités qui affranchissaient de la puissance; de nos jours, une telle émancipation est impossible, puisque comme nous l'avons déjà remarqué, on ne peut exercer aucune charge publique avant d'avoir accompli sa vingt-unième année.

97. Nous avons dit que le fils devenant époux, était émancipé *ipso jure* (1). Mais nous devons ajouter ici, qu'il l'est même d'une manière si expresse, que dans le cas où un mineur marié deviendrait veuf, il ne retomberait point sous la puissance de ses père et mère.

98. La mort naturelle du père, si la mère l'a prédécédé, opère la dissolution de la puissance paternelle proprement dite. Toutefois, les mineurs tombent sous l'autorité des ascendans, et à leur défaut, sous l'autorité du conseil de famille à

---

(1) Cod. civil. art. 476.

qui la loi confie une partie des droits du père.

99. Dans le cas où, au contraire, la mère est survivante, elle exerce dans toute sa plénitude la puissance paternelle, et avec le concours des deux plus proches parens paternels, elle peut requérir l'emprisonnement de ses enfans, s'il y a lieu.

100. La mort civile du père produit les mêmes effets que sa mort naturelle.

101. Observons enfin que la loi qui admet en France la puissance paternelle, est ce qu'on nomme en droit, statut personnel, et s'étend par conséquent hors du territoire de l'empire; ainsi l'autorité du père suit son fils partout où il a porté ses pas, pour le protéger et le défendre contre la violence de ses passions.

TITRE VIII.

Tableau comparatif, historique et critique.

102. Nous avons tracé à grands traits dans ce qui précède les principes qui constituent parmi nous la puissance paternelle, soit par rapport aux personnes, soit par rapport à l'administration des biens. Nous avons expliqué avec soin les règles de la jurisprudence et les points de doctrine que l'expérience a consacrés.

Certes, la loi qui régit la France sur cette importante matière est bien loin de nous paraître parfaite, mais nous en avons dû parler avec respect; il est bien loin de mériter le titre de jurisconsulte celui qui calomnie les lois actuellement en vigueur dans sa patrie, et qui ne parle d'améliorer que pour détruire.

*

103. L'ordre veut maintenant que nous jetions un coup-d'œil rapide sur la législation des peuples par rapport à la puissance des pères; ce tableau comparatif sera peut-être plus efficace que les déclamations de l'humorisme.

104. Le premier et le plus terrible effet connu de l'exercice de la puissance paternelle, c'est l'arrêt de malédiction que prononça Noé contre Cham, son plus jeune fils (1).

105. Lorsque Jacob eut surpris la bénédiction d'Isaac, son père, l'imprudent Esaü connut trop tard que cette bénédiction était irrévocable; et, pour avoir perdu ce bien précieux, il s'abandonna au désespoir et forma le projet d'une horrible vengeance.

Eh! pourquoi était elle irrévocable cette bénédiction, puisqu'ayant eté sur-

(1) *Evigilavit ex vino Noe cognovitque quod fecerat filius suus junior, dixitque : maledictus sit Chanaam; servus servorum erit fratrum suorum.*

prise, il y avait évidemment erreur dans la personne?

106. La loi donnée par Dieu lui-même au peuple d'Israël plaça la piété filiale au rang des plus saints devoirs.

Cette loi prononça la peine de mort contre le fils rebelle qui oserait porter une main coupable contre l'auteur de ses jours ou seulement le maudire.

107. Depuis ce temps, le fils rebelle fut traduit devant le conseil des anciens d'Israël, et sur le simple témoignage du père, il fut livré au peuple et lapidé.

De cela que le père était cru sur sa seule parole, ne peut-on pas dire qu'il était à la fois accusateur et juge?

108. Chez les Égyptiens, le respect pour les vieillards était porté jusqu'à une sorte d'idolâtrie. Les enfans, toujours élevés dans l'état de leurs pères, ne les approchaient qu'en tremblant; ils suivaient aveuglément leurs avis et perpétuaient le souvenir de cette vénération

pour les auteurs de leur existence en s'appliquant à embaumer leurs dépouilles mortelles et en les plaçant dans le sépulcre des ancêtres; asile toujours sacré et inviolable pour ce peuple religieux.

Bien cela, je retrouve dans ces institutions un culte de respect, de reconnaissance et d'amour.

109. Lycurgue transporta dans sa patrie les plus sages lois des Égyptiens, et de ce nombre étaient incontestablement celles sur la puissance paternelle. Ainsi à Lacédémone un jeune homme, à l'aspect d'un vieillard, s'arrêtait, fixait ses regards vers la terre et le laissait passer. Les pères avaient un pouvoir absolu sur les enfans; ils étaient à la fois maîtres de leurs personnes et de leurs biens.

Cela était-il juste au fonds?

110. Le Zend-Aventa contient deux lois fort remarquables sur la puissance paternelle: l'une donnait aux pères le droit de vie et de mort sur leurs enfans: l'autre punissait de mort l'enfant qui avait

mal répondu ou qui avait désobéi trois fois à son père ou à sa mère.

Toujours la mort! toujours un pouvoir absolu!

111. Ces principes se répandirent bientôt dans toute l'Asie; et, de nos jours, il est encore des peuplades qui les observent rigoureusement.

Ce qui convient à ces peuplades pourrait-il convenir aux Français du dix-neuvième siècle?

112. Plutarque enseigne (1) que la puissance paternelle était une espèce de culte en Grèce; les enfans ne pouvaient contracter aucun engagement sans l'aveu de leurs parens; une des plus anciennes lois des Grecs, attribuée à Triptolême, ordonnait expressément aux enfans d'honorer leurs pères.

Voilà de la véritable sagesse, et les Grecs s'y connaissaient pour le moins autant que nous.

---

(1) *De educatione liberorum.*

113. L'empire de la Chine offre à cet égard un noble et touchant exemple : sa constitution repose essentiellement sur les droits de la puissance paternelle. Là les enfans, sans perdre leurs droits à l'estime publique, ne peuvent se plaindre de leurs pères. S'il arrivait qu'un fils y maltraitât les auteurs de ses jours, tout le pays s'abandonnerait à la douleur, ce serait un deuil général dans toute l'étendue de la province. Le magistrat chargé de veiller au maintien des mœurs tomberait dans la disgrâce du prince ; on l'accuserait d'un événement qu'il aurait dû prévoir. Les parens eux-mêmes seraient soumis à la censure la plus amère ; l'enfant coupable serait coupé en mille pièces, son cadavre serait livré aux flammes, sa maison serait détruite jusqu'aux fondemens, on renverserait les maisons de ses voisins, et une inscription gravée sur le marbre perpétuerait le souvenir du crime (1).

---

(1) *Lettres édifiantes.*

Qui ne sent ici que cette sévérité tient à l'ordre public, et a principalement pour but de maintenir l'État dans sa force?

114. Dans l'Indostan, le père qui accuse son fils n'est astreint à aucune preuve: on ne peut pas soupçonner qu'il puisse être injuste. Les obligations des enfans ne cessent point avec la vie de leurs pères; ils doivent leur faire des obsèques magnifiques, suivre leurs dépouilles au dernier asile avec des habits de deuil et un visage flétri par la douleur. A certaines époques de l'année, ils viennent arroser de pleurs les tombeaux de leurs ancêtres.

Nous avons fait remarquer déjà qu'il était contre les règles de la justice que le témoignage du père suffît pour entraîner la condamnation du fils.

115. Les Scythes, peuples faits pour la guerre, honoraient les auteurs de leurs jours et suivaient avec docilité leurs conseils; le regard d'un père irrité faisait sur le fils coupable l'effet de la foudre. Ce

n'est pas ici l'effet de la crainte, mais d'un respect religieux.

116. Les Arabes juraient par la cendre de leurs aïeux, et la volonté paternelle était pour eux l'expression de la volonté divine.

Encore un culte de reconnaissance et d'amour.

117. Mahomet recommande expressément la piété filiale.

« Enfans, dit-il, ne parlez qu'avec res-
» pect à ceux qui vous ont donné la vie,
» adressez chaque jour au Dieu créateur
» de ferventes prières pour eux; ne vous
» présentez pas devant vos pères, vous qui
» êtes entrés dans l'âge viril, ne vous pré-
» sentez pas sans avoir brigué et obtenu
» cette faveur de leur bienveillance et de
» leur tendresse; mais combien vous de-
» vez être reconnaissans et respectueux
» envers vos mères. C'est ici, que votre
» dette est immense! songez que non-seu-
» lement elles vous ont donné le jour, mais
» qu'elles vous ont encore alimentés de
» leur substance. »

Ce législateur autorise les pères à appeler sur la tête de leurs enfans rebelles la malédiction du ciel (1).

Ainsi point de supplice odieux; le père accuse, mais il ne porte pas son accusation devant des hommes, c'est au juge éternel qu'il défère ses plaintes.

118. Au Japon, les peines les plus sévères punissent la désobéissance à la volonté paternelle.

Mais non pas la peine de mort!!

119. Le Calatien mange le corps de ses aïeux, qu'il croit honorer en les faisant revivre en lui-même. Un Calatien qui résisterait à la volonté de son père serait mis en pièces et brûlé par ses plus proches parens.

Voilà un respect filial poussé jusques à la barbarie, et certes il ne pouvait convenir à nos mœurs.

120. Les Natchez ne dorment avec sé-

(1) Coran, chap. 7, 17 et 24.

curité que sur les ossemens de leurs aïeux.

Voilà la véritable piété filiale.

121. Dans le Nouveau-Monde, les Espagnols trouvèrent la puissance paternelle en grande vénération. Garcilasso de la Vega (1) enseigne qu'une loi des Péruviens obligeait les enfans à travailler pour le compte de leur père jusqu'à l'âge de vingt-cinq ans accomplis.

Une autre de leurs lois leur défendait de se marier sans le consentement explicite de leurs pères, et déclarait illégitimes les enfans procréés d'une union réprouvée par les parens; toutefois s'ils pardonnaient et consentaient un jour, les enfans étaient réputés légitimes.

Ces sages principes sont, à peu de chose près, passés dans nos mœurs.

122. Marmontel raconte (2) qu'il existait chez les Péruviens une fête en l'hon-

(1) *Histoire des Incas*, tom. 7, pag. 352.
(2) *Ibid.* tom. 2, chap. 38, pag. 90.

neur de la paternité, une fête des Palmes qui attirait une grande multitude de peuple; cette fête se célébrait tous les ans à l'équinoxe d'automne. L'incas ou empereur des Péruviens y présidait lui-même; chaque père conduisait aux pieds du trône ses enfans parvenus à l'âge de l'adolescence, saluait profondément le monarque, lui présentait l'un après l'autre tous ses enfans, lui rendait compte de leur conduite et distribuait des palmes à ceux qui avaient rempli scrupuleusement les saints devoirs de la nature.

Ces palmes étaient suspendues avec orgueil par le fils, devenu à son tour chef de famille, au-dessus de son tribunal domestique, où seul il pouvait s'asseoir et sur lequel il montait pour donner ses commandemens à sa postérité ou pour en recevoir les hommages.

« Lorsque les torts d'un enfant étaient » graves, il était exilé de la maison de son » père; cet exil, sur le sol même de la » patrie, le condamnait à la plus affreuse » solitude. Ses proches, ses amis, ses ca- » marades, tout le monde sans exception

» le fuyait comme un profane. La culture » du champ de son père et celle des terres » du soleil, des incas, des vieillards, des » orphelins, des vierges et des infirmes, » lui étaient interdites : seul, avec ses re- » mords, il errait triste et pensif autour » du manoir de ses ancêtres, sans oser en » franchir le seuil ni faire entendre sa » voix plaintive aux oreilles d'un père jus- » tement irrité, qui d'ailleurs n'était pas » libre d'abréger le temps de sa peine. Ce » temps expiré, la nature et la loi étaient » satisfaites; il rentrait sous le toit qui l'a- » vait vu naître, son père le serrait avec » joie dans ses bras, la famille ne songeait » qu'au plaisir de le revoir; sa faute était » oubliée, et il semblait recommencer une » nouvelle vie. »

Ainsi il n'y avait là ni accusation publique ni peine capitale encourue.

123. On lit dans les Commentaires de César (1), que les Gaulois étaient les maîtres absolus de la vie de leurs enfans, et

(1) Liv. 6.

que le respect filial et les bienséances s'opposaient à ce que le fils parût en public sous les yeux de son père avant l'âge où, devenu homme, il serait réputé capable de sentir le prix de cet honneur et de figurer dans le rang des guerriers.

Quoi! toujours le droit de vie et de mort!

124. Tacite (1), le savant peintre des mœurs des Germains, enseigne que ce peuple observait une religieuse fidélité dans le mariage, et qu'une autorité absolue était accordée aux vieillards et aux chefs de famille. C'était la coutume chez les Germains d'abandonner la culture des terres aux esclaves moyennant une redevance en nature, et d'employer les femmes et les enfans aux travaux domestiques. Lorsque les fils avaient atteint l'âge de la force, les pères, dans une cérémonie imposante, les décoraient des marques de la milice en les armant du

(1) *De moribus Germanorum*, § 12, 13, 18, 19, 20, 21.

bouclier et de la javeline. Alors ils prenaient rang dans la troupe des guerriers.

Pour nous montrer ainsi sévères, sommes-nous donc ce qu'étaient nos aïeux?

125. Les Russes et les Polonais, qui tirent leur origine des Esclavons et des Sarmates, ont conservé sur leurs enfans un pouvoir en quelque sorte absolu; ce pouvoir est exercé par le chef de la famille, et les magistrats lui prêtent leur appui.

Ce pouvoir ne s'étend jamais sur la vie de l'enfant qui s'est rendu coupable.

126. La puissance paternelle est révérée dans toute l'Allemagne; en Autriche, en Hongrie, en Bohême, en Prusse, en Suède et en Danemarck on l'y retrouve dans toute sa force. Mais cette puissance y est, comme de nos jours en France, un tribut de reconnaissance et d'amour.

127. Enfin les Italiens, les Espagnols, les Portugais et les Suisses font le plus

saint des devoirs, de l'obéissance passive des enfans envers leurs pères. Mais là, du moins, point de supplices !

128. Si nous remontons aux premiers temps de la monarchie Française, il nous sera facile de reconnaître que l'enfant rebelle était puni de mort.

« Que l'enfant qui aura frappé ou » maudit son père ou sa mère, portent » les capitulaires de Charlemagne, soit » puni de mort (1). »

Oh! comme nos ancêtres se ressentaient alors de leur origine barbare.

129. Sous la seconde race de nos rois, il n'y avait point de mariage si la femme n'avait point été obtenue par le mari des personnes en la puissance de qui elle pouvait être... Le consentement libre de ces personnes était le seul moyen d'être agréable au seigneur et de procréer des

---

(1) *Qui percusserit patrem aut matrem, morte moriatur; qui maledixerit patri vel matri, morte moriatur. Capitul.* t. 1er, liv. 6, tom. 3 et 4.

enfans légitimes (1). Cette règle était bien dure, puisque la puissance paternelle s'étendait alors sur le cours entier de la vie, sauf l'émancipation.

130. Enfin, Jean Imbert, l'auteur du Manuel du droit écrit, enseignait vers le milieu du seizième siècle, que les enfans du royaume de France étaient toujours présumés placés sous le pouvoir paternel, s'il n'était prouvé qu'ils étaient émancipés ou qu'ils avaient demeuré pendant dix ans hors de la maison de leur père (2).

---

(1) *Capitul.* liv. 7. *Benedict. levit.*

(2) Philiberti Buguyon, *legum abrogatorum tractatus*, liv. 1er, chap. 6; voyez en outre les établissemens de Saint-Louis, Dutillet (*Recueil de*), pag. 297, 3e édit.; *Accurse*, chap. 18, no 105; sur les Institutes, tit. *de patria potestate*; Capitulaires du roi Dagobert; Jean Desmares, jurisconsulte du XIIe siècle; Baluze, sur Salvien, t. 1er, p. 378; Launoy, *Histoire gimn. navarr.*; Gollut, *Histoire de la Franche-Comté*; Plancher, *Preuves de l'Histoire du duché de Bourgogne*, tom. 2.

Là, rien d'injuste et par conséquent rien de répréhensible.

131. De tout ce qui précède, il suit que la puissance paternelle a existé comme elle existe encore, non-seulement chez toutes les nations civilisées, mais encore chez les hordes sauvages; partout des peines plus ou moins rigoureuses, ont atteint les enfans coupables; mais jamais avant l'époque où nous sommes, les peuples n'ont reçu un système complet de législation dans lequel les droits légitimes des pères fussent mis en rapport avec les devoirs qu'impose la nature aux enfans.

TITRE IX.

Objections. — Réponses.

132. On se plaint que notre puissance paternelle ressemble plutôt à celle d'un tuteur qu'à celle d'un maître. Que par suite cette puissance est plutôt établie en faveur des enfans qu'en faveur des pères.

133. On se plaint que nos lois sont insuffisantes pour contenir les enfans dans les justes bornes de la modération. On signale d'avance comme totalement perdue cette jeunesse qui partage l'élan du siècle en faveur de la liberté; on calomnie ses mœurs, ses principes, son caractère; on l'outrage jusques dans ses vœux. On la flétrit jusques dans son avenir.

134. On appelle contre elle les foudres de l'exhérédation, on appelle à grands cris les lettres de cachet, on vante les avantages de ce pouvoir tyrannique dont le caprice abusa tant de fois. On retrace à nos yeux de lugubres tableaux. On nous dit que les tribunaux retentissent chaque jour des plaintes des pères, que les cartons de la direction de la police générale, sont pleins de mémoires que d'infortunés parens ont trempés de leurs larmes en y traçant le tableau des désordres qu'ils n'ont pu contenir. On nous peint des vieillards bannis par des fils ingrats du toit hospitalier où ils reçurent la vie. On suppose, on s'égare, et on se permet de conclure que c'en est fait du trône et de l'autel si la puissance paternelle n'est pas réorganisée sur des bases plus solides, et si la main des pères n'est point armée d'une sorte de pouvoir souverain.

135. Essayons de répondre, mais avec la modération qui convient à un sujet aussi grave. Pères, nous nous garderons

bien d'excuser le débordement et le respect des mœurs; citoyens, nous ne relâcherons point les liens sacrés qui unissent l'homme à la patrie.

136. On dit d'abord que la puissance paternelle ne rappelle pas celle d'un maître, et n'avons-nous pas enseigné déjà qu'elle devait être un culte de respect, de reconnaissance et d'amour. Quoi! vous avez donné le jour à une créature faible, vous l'avez reçue dans vos bras, vous avez protégé son enfance, vous avez souri à son premier sourire, vous avez été son ami jusques au jour où la force a succédé à la débilité, et maintenant que ses facultés se sont développées, maintenant que son cœur lui révèle sa noble destination, vous voulez en faire une esclave, vous voulez avilir ses sentimens, flétrir sa pensée, subjuguer sa volonté? Ah! renoncez à ce vœu barbare; homme, ne voyez dans votre fils qu'un homme qui doit un jour remplir votre place, et faire peut-être votre gloire, en faisant l'ornement de la société,

Oui sans doute, l'autorité paternelle est une puissance qui vient de Dieu, et que les lois civiles ont consacrée; mais toute puissance humaine n'a-t-elle pas pour premier objet l'assistance et la protection.

137. En quoi les lois sont-elles insuffisantes pour contenir l'imprudente jeunesse? sera-ce parce que l'époque de la majorité a été rapprochée de quatre années?

Sera-ce parce que l'intérêt de la patrie l'emportant sur d'autres considérations, a permis les enrôlemens volontaires après la dix-huitième année révolue?

Sera-ce enfin parce que la puissance paternelle ne s'étend pas à la durée tout entière de la vie?

Pesons froidement tous ces motifs.

Il est un principe incontestable, c'est que lorsqu'un citoyen jouit de la plénitude de sa force physique et de cette maturité de raison qui permet de choisir entre le bien et le mal, la société est en perte, si par d'éternelles entraves cet individu remplissant tous les devoirs qui lui sont imposés, ne peut en même temps jouir de tous ses droits. Ainsi dans le cas où, en règle générale, on admettrait qu'il n'est pas équitable, que le fils devenu époux et père lui-même, reste pendant tout le cours de sa vie sous la puissance de son père, ou, ce qui est encore possible, sous la puissance de son aïeul, lui, sa femme, ses enfans et ses petits-enfans, il fallait chercher cette époque de la vie où les facultés se trouvant développées en proportion des besoins, l'homme semblait ne plus appartenir qu'à la patrie. Nos pères avaient pensé que cette époque était celle de vingt-cinq ans; on est revenu de nos jours sur cette idée, et les progrès de la civilisation ont fait sentir le besoin de la rapprocher et de la fixer à la vingt-unième année.

Ainsi donc, voulez-vous que la puissance paternelle s'étende sur le cours entier de la vie? nous adoptons avec vous cette opinion, pourvu toutefois que cette puissance ressemble à celle d'un tuteur et non pas à celle d'un maître.

Voulez-vous au contraire la limiter à une époque de la vie? alors toutes les conséquences du principe nous appartiennent, et nous disons à notre tour qu'il est juste qne le fils de famille travaille à améliorer sa propre existence et à s'assurer le pain de sa vieillesse, du jour où sa raison lui permet d'administrer ses biens. Nous disons qu'il est juste qu'avant cet âge même, il puisse embrasser le parti des armes, s'il a reconnu à son dégoût pour l'étude, aux difficultés qu'aurait son esprit à vaincre les aspérités de la science, qu'il était né pour le tumulte des camps et pour braver les dangers qui suivent la guerre. Une raison de droit public se joint ici d'ailleurs à la raison particulière.

La force est le soutien des États, et dans un pays où il existe une loi nationale qui appelle indistinctement à l'exercice des armes, tous les citoyens qui ont atteint leur vingtième année, pourquoi ne favoriserait-on pas celui qui, jaloux d'entrer dans la carrière, s'y précipite par amour avant que le devoir le force d'y entrer.

138. Quoi ! nos lois sont insuffisantes pour contenir une jeunesse impétueuse? mais cette règle ne pourrait-elle pas s'étendre à la masse des citoyens?

N'est-il pas vrai de dire qu'il est des hommes nés pour affliger la société par de grands crimes? N'est-il pas vrai que celui-là même, dont la jeunesse sans passions se sera écoulée au sein de l'innocence, tombe tout-à-coup et au déclin de sa vie, dans un profond abîme de honte et de dépravation? Chaque jour, la société n'est-elle pas épouvantée par le spectacle des excès les plus odieux, des fureurs les plus révoltantes?

Eh bien ! ces excès sont contenus, ces fureurs trouvent des entraves, les crimes trouvent des châtimens, les infractions elles-mêmes sont réprimées. Or, tout le système de nos lois est commun à la nation entière, et la nation se compose à la fois des pères et des enfans.

139. Mais, ajoute-t-on, voyez plutôt ces jeunes hommes indisciplinés, jaloux d'une précoce indépendance, fiers d'avoir

tout appris en foulant aux pieds les devoirs les plus saints, entendez-les s'écrier que le grand siècle commence, que le moment est venu de détruire tous les préjugés. Incrédules ! ils ont abjuré le culte de leurs pères; sujets ingrats, ils veulent secouer le joug de leurs rois; citoyens imberbes, ils veulent dominer dans les conseils, et ne pouvant convaincre, ils osent menacer.... Que d'exagération dans ce peu de mots, ne portons pas nos regards en arrière, cherchons à fixer le présent, et s'il se peut, édifions pour l'avenir. Que les peuples soient heureux, que les lois soient égales pour tous les hommes, que les priviléges disparaissent pour faire place aux droits éternels inhérens à l'espèce humaine : Alors la population deviendra paisible, la jeunesse restera soumise, et tout entière à l'espérance, elle bénira des rois qui prendront à ses yeux le titre sacré de pères de la patrie.

Qu'on ne pense pas toutefois, que les jeunes hommes de cette époque aient abjuré le culte de leurs ancêtres, et qu'ils soient révoltés d'avance contre tous les pouvoirs. Ce serait mal juger les sentimens qui les animent, et quel audacieux ose ainsi flétrir toute une génération. Nos temples sont-ils déserts, les ministres de la religion sont-ils frappés d'anathème, le pacte social est-il rompu, les lois n'exercent-elles plus leur empire, les coffres de l'État ont-ils cessé de recevoir le tribut du pauvre, les agens de la royauté ne commandent-ils plus l'obéissance, ne sommes-nous donc plus qu'un peuple dégradé? C'est mal connaître la France que de solliciter pour elle des lois sévères; long-temps soumise au joug de la force, elle ne doit céder désormais qu'à l'empire de la raison.

La charte, ancre de salut pour tous les partis, s'oppose formellement aux lettres de cachet; *nul ne peut être poursuivi ni arrêté*, y est-il dit, *que dans les cas prévus par la loi, et dans les formes qu'elle prescrit.* Voilà une disposition salutaire qui assure le repos de tous les citoyens, et à laquelle on propose de déroger. On veut que, sur la plainte d'un père, quelquefois aigri, et plus souvent trompé, un magistrat indifférent signe un ordre d'arrestation contre l'exécution duquel il n'y aura jamais aucun recours! Quoi! la victime d'une injuste haine serait plongée dans un cachot, sans qu'il lui fût permis de proférer une plainte, d'adresser aux magistrats une respectueuse réclamation. Ainsi le veulent certains hommes, qui se sont imposés le devoir de régenter leur espèce; tout est mal à leurs yeux, et la société doit être reconstituée.

140. Mais l'objet qui attire particulièrement leurs critiques, c'est la substitution d'un officier de l'état civil aux ministres de la religion pour la tenue et la conservation des registres destinés à constater l'état des hommes. Est-il concevable, disent-ils, qu'un simple citoyen soit investi par la loi, non-seulement du droit d'attester la naissance, la mort, mais encore, de consacrer l'hymen des époux! Quoi, cet officier sera

seul juge de la validité des titres qui seront produits par les parties contractantes? Il pourra célébrer le mariage sans qu'il y ait eu des actes respectueux dans le cas où la loi les prescrit? Ce mariage restera valide, et l'officier prévaricateur encourra seulement une amende de trois cents francs et un emprisonnement qui ne pourra être moindre d'un mois? sans doute, et cela suffit au repos et à la tranquillité des familles. Réfléchissez un moment que les officiers de l'état civil ne sont pas des mercenaires; ce sont des fonctionnaires publics investis de la confiance de leurs concitoyens; ce sont des maires, ou tout au moins des adjoints des maires. Pensez-vous qu'au mépris de leurs devoirs, ils affranchiront les enfans des entraves que la sagesse du législateur leur a imposées?

141. Un père peut détenir durant un mois, son fils au-dessous de seize ans; mais qu'est-ce, dit-on avec aigreur, « qu'une détention de quelques jours

» pour un enfant qui a des inclinations » perverses, qui se fait un jeu du larcin, » même vis-à-vis des étrangers, et qui n'a » pas craint de porter sur sa mère une » main sacrilége? »

La réponse est facile. Si l'enfant se fait un jeu du larcin, même envers des étrangers, les lois répressives sont là pour le punir, et la puissance paternelle n'a plus de force devant l'autorité de la vindicte publique.

Si l'enfant a porté plusieurs fois une main sacrilége sur sa mère, voilà un crime, et sans la plus coupable des faiblesses, on ne peut l'étouffer dans l'intérieur de la famille; il y a nécessité de livrer à la rigueur des magistrats, celui qui vient de préluder au parricide.

142. Après seize ans révolus, la détention de l'enfant peut-être de six mois. Mais, disent les détracteurs de nos lois sur la puissance paternelle : « Si la faute » commise prend sa source dans un vice » de cœur, s'il y a récidive, ce n'est pas » assez de contenir le coupable pendant

» un aussi court intervalle. La correction » doit être plus sévère et la peine plus » longue, pour pouvoir en attendre un » repentir sincère et un amendement non » équivoque »......

Nous répondrons que, s'il y a vice de cœur, s'il y a eu récidive, si la faute est énorme, plus de pitié, il faut mettre le feu à la plaie; les lois sont là, il faut invoquer leur appui.

Mais, si le père est abusé, si dans sa colère aveugle, il a dénoncé son fils innocent, ou seulement coupable de fautes légères. Eh bien! il n'est pas condamné par cela seul que son père l'accuse, il est arrêté, on instruit son procès, on examine les charges, et s'il n'a mérité aucune peine, il est rendu à la liberté.

143. L'enfant détenu pourrait avoir des griefs à proposer, et le législateur lui a permis d'adresser un mémoire au procureur-général près de la Cour royale. Alors le premier président de cette Cour, après en avoir donné avis au père et recueilli tous les renseignemens, confirme,

révoque ou modifie l'ordre d'arrestation. Quoi! disent nos antagonistes, « la loi » exige le concours de sept magistrats » au moins, pour prononcer sur l'appel » dans toutes les affaires dont la valeur » du litige excède mille francs, et voilà » qu'elle en constitue un seul arbitre sou» verain de la réclamation de l'enfant » qui attaque la sentence paternelle con» sacrée par le premier juge ».....

Et mais sans doute, le premier président d'une Cour exerce en pareil cas les mêmes fonctions que les présidens des tribunaux de première instance, en matière de référés.

L'intérêt est absolument le même.

Remarquez que lorsqu'un étranger est arrêté, en vertu de la loi du 10 septembre 1807, c'est le président d'un tribunal de première instance qui seul est compétent pour déclarer l'arrestation nulle, ou pour donner l'ordre de conduire le prisonnier dans la maison de dépôt pour dettes. Or, ne s'agit-il pas ici de la liberté, du crédit, de la réputation d'un négociant?......

Remarquez en outre, que lorsque le premier président d'une cour royale prononce sur la réclamation d'un enfant détenu, l'affaire a été examinée par le président de première instance, qui a consacré la sentence paternelle ; ainsi voilà déjà *un juge*. La réclamation de l'enfant a été adressée au procureur-général, qui certes a dû l'examiner dans l'intérêt de l'ordre public avant de s'en dessaisir; ainsi voilà déjà *deux juges*. Enfin, le premier président communique au père la réclamation du fils; il prend des renseignemens, il interroge l'enfant lui-même, (il en a le droit du moins), ainsi voilà *trois juges* sans compter le père, qui le premier a jugé qu'une correction sévère pouvait être utile à son fils.

144. On cite comme une preuve de l'aveugle présomption de la jeunesse, que la plupart des ouvrages qui ont été, dans ces derniers temps, condamnés comme séditieux, ont été publiés par des enfans, qui à peine âgés de vingt années, se sont déclarés les apôtres de la licence, et ont affecté de

vouloir être les martyrs des doctrines les plus subversives de l'ordre social. Mais, que l'on considère que presque tous ces jeunes écrivains ont été déplacés et arrêtés dans leur carrière ; que les uns ont pour pères des proscrits, qui errent malheureux sur le sol de l'étranger ; que les autres, victimes de la délation, ont langui dans les fers, ou en surveillance ; que le plus grand nombre a échangé le fruit de ses veilles contre le pain amer qui doit l'alimenter. Ils sont vraiment admirables ces hommes à principes, ces hommes des temps anciens, qui, au sein de toutes les aisances et de toutes les superfluités de la vie, prêchent une morale austère ; ils vantent l'ordre et l'obéissance, parce que tranquilles possesseurs de leurs places, ils jouiront de l'intégralité de leurs émolumens. Que feraient-ils, si tout-à-coup leur fortune était renversée par un acte arbitraire, si sur un soupçon vague, leur liberté était compromise, si la délation les éloignait de tous les emplois, de toutes les faveurs, si la presse n'était libre que pour fournir à d'irréconciliables ennemis le moyen de les diffamer ?...... Ah ! sans doute, ils écriraient pour accuser leurs persécuteurs et réclamer contre la violation des principes.

145. Le danger est extrême, dit-on, « la licence et l'anarchie, d'abord simples ruisseaux formés au sein des familles, y renversent les faibles barrières qu'elles rencontrent sur son passage, » se répandent au-dehors, et deviennent » un torrent impétueux qui menace d'engloutir la société entière. Plus ce torrent grossit et se déborde, plus il est » besoin d'une digue puissante pour le » contenir, et de sages précautions pour » en dessécher les sources trop fécondes ; » chacun de ses progrès est une chance » de moins pour les obstacles, qu'une » fatale imprévoyance diffère de lui opposer. Si le gouvernement n'ouvre pas » bientôt les yeux sur les périls qui l'environnent, s'il continue de s'endormir » dans une sécurité, funeste peut-être à » son réveil ; sera-t-il trop tard pour ren-

» forcer le pouvoir des chefs de famille » et préserver la France d'une nouvelle » révolution qui ne serait ni moins désas» treuse ni moins sanglante que la pre» mière ».

Ainsi, c'est toujours au nom de la politique qu'il faut décider une question de morale et de législation. Il faut que le Gouvernement et les intérêts de la monarchie entrent dans tout ce qui se dit ou tout ce qui se fait; c'est véritablement une rage, une maladie, et le but que certains hommes veulent atteindre, est sans contredit, l'asservissement de la nation; vite, des chaînes pour les enfans, un joug flétrissant pour les pères, c'est le seul moyen de compter bientôt deux peuples dans un seul, et par conséquent d'avoir des *leudes*, des *serfs* et des *mortaillables*.

146. En résultat, on nous menace de l'exhérédation, et quoique les Romains ne connussent que quatorze causes qui pouvaient faire encourir ce ruineux châtiment, on veut en introduire parmi nous

vingt-une, tant il est vrai que nous sommes un peuple corrompu.

On veut établir des tribunaux de censure.

On veut qu'il existe des chambres royales de censure.

On veut enfin créer des colléges royaux de censure.

147. Il est clair qu'en suivant ce système, il faut reculer l'époque de la majorité, il faut rendre aux cours leur pouvoir discrétionnaire, il faut proscrire les engagemens volontaires, renoncer même à la loi du recrutement, loi incivile qui place l'enfant d'un *noble* sur la même ligne que le fils d'un *roturier;*

Il faut multiplier les prisons, et compter dans ces froids asiles de la honte une multitude de fils de famille condamnés à passer dans les pleurs et les plus inutiles regrets les plus belles années de leur vie;

Il faut armer les pédans de la férule, les pères du glaive dictatorial;

Et les magistrats du fer rouge qui laisse sur le front des traces ineffaçables.

148. En suivant ce système, il faut rejeter nos codes, fruits immortels de la sagesse; il faut arracher les registres de l'état civil à des mains profanes pour les remettre aux mains pures des ministres de la religion; il faut permettre aux pères de disposer de l'intégralité de leurs biens au mépris des droits les plus saints de la nature; il faut que le fils, objet de la haine d'une marâtre impie, soit réduit à la misère avec toute sa postérité.

149. Il faut établir des distinctions, défendre aux pairs du royaume des mésalliances, repousser de leurs siéges les magistrats qui, pour obéir au penchant de leur cœur ou pour remplir un devoir rigoureusement exigé par les lois, auraient élevé jusqu'à eux la fille innocente qu'ils auraient séduite.

150. Il faut mettre des restrictions à l'émancipation, il faut troubler l'ordre naturel des successions, bouleverser la société tout entière, et donner à l'Europe l'exemple d'un peuple qui, déses-

pérant de lui-même, affiche sa propre dépravation.

CONCLUSION.

151. Point de salut pour la société si on ne fait pas respecter la religion.

Point de salut pour la société si le Gouvernement n'honore point et ne fait point honorer la vieillesse.

Point de salut pour la société si on ne rétablit pas la puissance paternelle.

Tel est le triple cri qui s'échappe du fond des entrailles de nos réformateurs.

Voici la seule réponse que nous devions à leur zèle aveugle :

Point de salut pour la société sans la tolérance.

Point de salut pour la société si le Gouvernement, fidèle à ses promesses, ne respecte pas la salutaire stabilité des lois.

Point de salut pour la société si la puissance paternelle est changée en despotisme.

FIN.

ESSAI

SUR L'ADULTÈRE.

AVERTISSEMENT.

L'HOMME, dans tous les âges de la vie, doit son bonheur aux femmes, et l'ingrat n'élève la voix que pour les accuser.

Les anciens ont mieux connu que les modernes, le mérite de ce sexe aimable, et leur mythologie peut servir de preuve à cette assertion :

CLIO a reçu le burin de l'histoire ;

EUTERPE, la harpe mélodieuse ;

La sensible ÉRATO, les pipeaux amoureux ;

THERPSICORE, aux pieds légers, a été proclamée déesse de la danse;

URANIE a mesuré les cieux;

MELPOMÈNE, un poignard à la main, a porté la terreur sur la scène;

THALIE, avec son masque allégorique, a corrigé les travers de la société.

CALLIOPE a chanté les exploits héroïques;

Et POLYMNIE a trouvé sa place aux banquets des dieux.

Ces divers attributs me paraissent emblématiques, ils m'annoncent que dans tous les temps les hommes ont reconnu l'insuffisance de leurs propres moyens, et qu'ils ont rendu aux femmes un juste hommage d'admiration, de respect et d'amour.

N'est-ce pas en effet à ce sexe aimable que nous devons tous les avantages qui nous distinguent auprès de lui ; nos mœurs s'adoucissent, le goût s'épure, la force et le courage font place à la sensibilité, les passions douces étouffent les germes de l'ambition et de l'envie, cruelles maladies de l'âme.

Malheur aux peuples barbares qui asservissent un sexe fait pour plaire et pour aimer ! ils ne verront pas éclore dans leur sein cette *Aspasie* qui fut la gloire de l'Attique, et qui régna plus par l'ascendant de son génie, que *Périclès* par son éloquence et par ses armes.

Une longue suite de siècles ne verra pas naître dans les sérails de l'Asie cette *Sapho*, qui, sensible pour un ingrat, vit flétrir ses beaux jours au sein de la douleur, et finit par lui sacrifier à la fois et sa gloire et sa vie.

Les esclaves de Georgie et de Visapour, si fières de leurs charmes, si prodigues de leurs faveurs, en traînant leur front dans la poussière, à l'aspect d'un maître superbe, ne s'élèveront jamais au rang des *La Suze*, des *d'Antremont* et des *Deshoulières*; jamais elles n'auront la grâce, la fraîcheur et la sensibilité de cette femme célèbre, qui, de la condition la plus médiocre, s'assit à côté de Louis XIV, sur le plus beau trône du monde.

Tant que la vérité régnera sur la terre, tant que les hommes seront conduits par le puissant mobile de l'honneur, tant que le souvenir des siècles reculés servira de leçon aux peuples, on citera avec enthousiasme les vertus guerrières de *Sémiramis*, la sage politique *d'Élisabeth*, la grâce touchante de *Catherine*, la force d'âme de *Marie-Thérèse*, le courage et les malheurs de *Jeanne-d'Arc*.

Tant que les sentimens tendres et délicats trouveront un libre accès dans les âmes honnêtes, tant que la piété, l'amour conjugal, et la tendresse maternelle, exerceront un souverain empire, on citera les vertus mâles de *Zénobie*, les larmes touchantes *d'Arthémise*, et le noble orgueil de la mère des *Gracques*.

A tous ces exemples, j'en pourrais encore ajouter un grand nombre, mais il n'entre pas dans mon sujet de célébrer le mérite des femmes; je veux seulement prouver que leurs vertus leur appartiennent, et que leurs torts viennent de nous.

DE L'ADULTÈRE

CONSIDÉRÉ

DANS SES RAPPORTS AVEC NOS LOIS

ET AVEC NOS MOEURS.

1. On nomme en général adultère, le commerce charnel d'une personne mariée, avec tout autre individu que celui qu'elle a pris pour époux.

2. Ce mot est un dérivé du latin *adulteratio*, qui signifie altération, adultération, faux (1).

3. Chez les Romains, dans les premiers temps de la république, le crime

(1) En grec il est rendu par μοιχος.

résultant de l'adultère, était jugé par les parens de la femme qui s'en était rendue coupable et par ceux de l'époux outragé. Ce tribunal domestique, après avoir pris connaissance des faits, infligeait, à la coupable, la peine qui paraissait la plus propre à la ramener au sentiment de ses devoirs.

4. Mais, ce jugement domestique ne portait aucun obstacle à ce que l'action publique fût intentée, car il s'agissait d'une violation des mœurs, et dès-lors tous les citoyens étaient intéressés à la punition de la femme adultère.

5. Plus tard l'accusation cessa d'être publique, et le mari seul étant offensé par l'adultère, n'attribua le droit de se plaindre qu'à lui, au père, au frère, à l'oncle paternel et à l'oncle maternel (1).

Ce crime, au reste, passait chez le peuple législateur, pour le plus hon-

(1) Cod. civil. liv. IX. leg. 30.

teux, le plus infâme et le plus digne de punition après lèse-majesté; par la raison qu'il était contraire à la société humaine, en violant les droits sacrés du mariage (1).

6. La peine des hommes ADULTÈRES, a varié, chez les Romains, selon les circonstances.

Suétone nous apprend, qu'Auguste bannit Ovide, qui s'était rendu coupable d'adultère avec Julie, fille de cet empereur.

Jules Antoine, complice du même crime avec Julie, fut condamné à la mort.

7. On lit dans Cujas et Tiraqueau, que les princes successeurs d'Auguste, firent également mourir plusieurs hommes convaincus d'adultère.

8. Une loi de Constantin, conservée

---

(1) Instit. liv. IV. tit. 18. § 4. ff liv. XLVIII. tit. 5.

par l'empereur Justinien, prononça la peine de mort contre les ADULTÈRES de l'un et de l'autre sexe.

9. En général, on doit observer que la sévérité même de la peine que tous les peuples ont appliquée aux adultères, l'a fait tomber en désuétude.

En effet, dès l'instant qu'on a vu la vie d'une femme en péril, pour une faiblesse blâmable, sans doute, mais qui semblait ne pas mériter la mort, chacun s'est rangé de son côté. L'intérêt qu'inspirait l'accusée, a rendu la faute moins odieuse, moins criminelle, et bientôt la société tout entière a considéré l'ADULTÈRE comme une inconduite purement morale, tandis que les lois lui conservaient son caractère de crime capital.

Ainsi, il est essentiel de remarquer que l'histoire ne nous montre pas, chez les divers peuples de la terre, un grand nombre de femmes adultères qui aient été punies. Tout s'est réuni pour faire naître, au lieu d'un sentiment d'indignation, un sentiment de pitié; on a caché leurs déréglemens, et le crime le plus honteux a joui dès-lors d'une sorte d'impunité.

Ces réflexions suffirent pour démontrer que le législateur doit toujours mesurer le châtiment au délit, car le moyen de faire respecter les lois et de ne pas rendre les peines illusoires, c'est de proportionner celles-ci, non-seulement au ressentiment de l'offensé, mais encore aux atteintes que le crime peut porter à l'ordre public et à la sûreté commune.

10. En France, suivant les anciens capitulaires de Charlemagne et de Louis-le-Débonnaire, l'ADULTÈRE devait être puni d'une peine capitale. Mais il existe d'autres anciens monumens qui portent des punitions bien différentes, contre ceux qui s'étaient rendus coupables de ce crime.

Charles, fils aîné, et lieutenant de Jean Ier, au mois de février 1257, rendit une ordonnance pour les habitans de Villefranche en Périgord, suivant laquelle les adultères surpris en flagrant délit et dont le crime était prouvé par témoins, devaient, à leur choix, payer chacun *cent sols* d'amende, ou courir nus par la ville.

Le roi Jean, par une autre ordonnance du mois d'octobre 1362, publiée pour les habitans de la ville de Prissey, condamna les adultères surpris en flagrant délit, à subir la peine du fouet, ou à payer *soixante sols et un denier*.

La coutume de Saint-Sever infligeait à l'homme ou à la femme surpris en adultère, la peine du fouet.

Celle de Bayonne voulait que les coupables fussent condamnés pour la première fois, à courir par la *ville sans fustigation*, et à un banissement arbitraire; pour la seconde fois, les coupables devaient être *fustigés*, et bannis à perpétuité.

On lit dans Boyer, un arrêt rendu par le parlement de Bordeaux, par lequel une femme adultère fut condamnée à être fouettée dans la salle du palais, et à être ensuite enfermée dans un monastère, d'où son mari aurait pendant deux années la liberté de la retirer, sinon, et ce délai passé, elle serait tenue de prendre pour toute sa vie l'habit de religieuse.

Un autre arrêt, cité par Papon, rendu par le Parlement de Paris, le 23 décembre 1522, condamna Marie Quatre-Livres, femme de Louis Ruzé, lieutenant civil, à être fustigée pendant trois jours de vendredi, et à être ensuite enfermée dans un couvent, sauf à son mari à l'en retirer dans le cours de deux années.

Le 31 août 1552, le Parlement de Paris rendit un autre arrêt par lequel une femme adultère fut condamnée à être enfermée dans un couvent, d'où son mari pourrait, durant deux années, la retirer, sinon qu'après ce temps-là elle serait fouettée nue par la prieure, et ensuite tondue et voilée pour toute sa vie.

Chenu rapporte un arrêt rendu par le Parlement de Rennes, par lequel une femme convaincue d'adultère fut condamnée à être fustigée et à faire amende honorable, quoique son mari voulût la reprendre, ce qu'on ne lui permit de faire qu'après qu'elle aurait subi la peine prononcée contre elle.

11. Dans le dernier état de la jurisprudence sous l'ancienne monarchie, on condamnait généralement la femme adultère à être enfermée dans un couvent pour y demeurer en habit séculier l'espace de deux années, pendant lesquelles son mari pouvait la voir et la reprendre. Mais si ce délai s'écoulait sans que le mari lui eût pardonné, elle était alors rasée, voilée et vêtue comme les autres religieuses pendant tout le reste de sa vie.

On ordonnait assez généralement que la femme adultère serait déchue de son douaire, préciput et autres avantages portés par son contrat de mariage, et que sa dot appartiendrait à son mari pour en jouir en toute propriété, à la charge par lui de payer à sa femme la pension fixée par le jugement de condamnation.

Lorsque la femme était pauvre, le mari pouvait demander et le juge avait le droit d'ordonner d'office qu'elle serait enfermée dans un hôpital au lieu d'un couvent, pour y être traitée conformément aux réglemens faits contre les femmes débauchées.

Au reste, une femme condamnée pour crime d'adultère restait capable de tous les effets civils. C'est pourquoi si son mari se réconciliait avec elle et la reprenait dans le délai des deux années d'épreuve, elle rentrait dans tous les droits dont le jugement de condamnation l'avait privée.

Observons cependant qu'elle n'était pas fondée à recouvrer ses droits après le décès de son mari, en offrant de prouver qu'avant de mourir et encore dans le délai des deux années d'épreuve il était sur le point de lui pardonner.

Cette question a été jugée par arrêt de la Tournelle, du 22 août 1725, contre la demoiselle de Richemont, femme du sieur Devaux, gendarme de la garde, convaincue d'adultère, et authentiquée par arrêt du 5 octobre 1723.

Ce fut en vain qu'après le décès de son mari mort subitement elle demanda sa liberté en rapportant des attestations de la supérieure et de la dépositaire de la communauté où elle était enfermée, qui justifiaient que le défunt était sur le point de lui pardonner, et qu'il l'aurait reprise s'il ne fût pas mort. Elle ne fut point écoutée.

Il est digne de remarque que la femme condamnée pour crime d'adultère pouvait, après la mort de son mari, obtenir sa liberté en convolant en secondes noces. Mais ce second mariage ne la faisait pas rentrer dans les droits dont elle avait été privée par le jugement de condamnation; ainsi elle n'avait aucune action pour réclamer sa dot ou l'exécution de ses conventions matrimoniales.

A l'appui de notre doctrine, nous citerons les arrêts célèbres rendus, les 29 janvier et 21 juin 1684, en faveur de Marie Joisel, qui, depuis dix ans, était enfermée pour crime d'adultère, et que le sieur Thomé, médecin, avait demandée en mariage après la mort de l'époux outragé.

L'avocat général Talon, dont la France

entière a long-temps admiré l'éloquence et la sagesse, appelé à porter la parole dans cette affaire, dit : « que la question » d'état qu'il s'agissait de juger était d'au- » tant plus importante que l'arrêt qui la » jugerait tendrait à faire une loi dans un » cas sur lequel on ne trouvait pas que jus- » qu'alors aucune cour eût prononcé : » il observa « que la résistance apportée à la » liberté et au mariage de Marie Joisel par » les parens et le tuteur des enfans de » son premier lit n'était ni juste ni hon- » nête, qu'une femme condamnée pour » crime d'adultère, ne perdant point les » droits de cité et étant capable des effets » civils, on ne devait pas lui interdire le » mariage après la mort de son mari. »

La Cour adopta ces principes, et Marie Joisel, devenue libre après dix ans de réclusion, contracta un second mariage avec le médecin Thomé.

12. La peine des hommes adultères en France était, en général, le fouet et le bannissement.

Par deux arrêts rendus en 1272 et en

1290, le prieur de Charlieu et l'abbé de Saint-Front furent condamnés à être fouettés et bannis.

Toutefois on prononçait, dans certains cas, l'amende honorable et les galères.

Papon rapporte un arrêt rendu au Parlement de Paris le 21 août 1552, par lequel le nommé Verrier, fourrier du grand conseil, convaincu d'adultère avec la femme du sieur Calyot, fut condamné à faire amende honorable, à un bannissement perpétuel, à une amende de deux cents livres envers le roi et à quatre cents livres de dommages intérêts envers le mari.

Un arrêt rendu au Parlement de Grenoble le 20 janvier 1654, condamna un homme adultère à faire amende honorable et aux galères perpétuelles.

Brillon et Bouvot ont recueilli un arrêt qui condamna à un bannissement de cinq ans hors du royaume, et à une amende de quatre mille livres d'intérêts civils un individu qui avait débauché une femme mariée, et l'avait retenue chez lui six ou sept mois. Cet ADULTÈRE fut de plus déclaré indigne de posséder à l'avenir aucun office.

13. La qualité des personnes contribuait sous l'ancienne monarchie à rendre *l'adultère* plus ou moins criminel, et lorsque l'inégalité des conditions était très-considérable, on le punissait du dernier supplice.

L'histoire nous en offre un exemple célèbre :

En 1314, Philippe et Gauthier de Lannoi, frères et gentilshommes de Normandie, accusés et convaincus d'adultère avec les femmes des enfans du roi Philippe-le-Bel, furent, par arrêt du parlement, *le roi y séant*, condamnés à être écorchés vifs, à être ensuite traînés dans la prairie de Maubuisson nouvellement fauchée, et à avoir les membres coupés et pendus à un gibet.

Les princesses coupables furent condamnées à une prison perpétuelle. MARGUERITE, l'une d'elles, périt pendant sa captivité ; BLANCHE fut répudiée dans la suite sous prétexte de parenté, et JEANNE, femme de Philippe-le-Long, fut tirée de prison au bout d'un an par son mari qui voulut bien la reconnaître pour innocente et la reprendre avec lui, *en quoi*, dit Mézeray, *il fut plus heureux ou du moins plus sage que ses deux frères.*

Il existe encore un autre exemple d'un supplice atroce prononcé en 1329 contre René de Mortemer convaincu d'adultère avec Isabelle de France, reine d'Angleterre.

Il fut condamné à être traîné dans les rues de Londres sur un *bahut*; on le mit ensuite sur une échelle au milieu de la place où on lui coupa les parties naturelles qui furent jetées au feu, après quoi il fut écartelé, et ses membres envoyés dans les quatre principales villes de la Grande-Bretagne.

14. On pensait jadis assez communément qu'afin que l'action de la femme contre son mari adultère fût admise (1),

---

(1) Observons que cette action ne pouvait jamais être intentée par la voie criminelle, mais

il fallait que le crime eût été accompagné de scandale ou de mauvais traitemens, dissipation ou autres choses semblables

A la suite des questions diverses que nous avons déjà proposées, nous citerons une espèce singulière recueillie dans les plaidoyers de GILLET :

Louis Semitte de la Croix, épicier à Paris, consentit à sa femme un billet conçu en ces termes :

« Je permets à ma femme de faire » VOUS M'ENTENDEZ BIEN avec qui il lui » plaira.

» A Paris, ce 24 janvier 1688. »

Comme la femme avait usé de cette permission sans la demander et sans l'attendre, le mari rendit contre elle une plainte pour fait d'adultère.

La femme, de son côté, accusa le mari de libertinage avec ses servantes et

---

par la voie civile, ce qui avait toujours pour objet d'obtenir une séparation de corps et de biens, et de faire priver le mari de la dot et autres avantages portés dans le contrat de mariage.

cita le billet qu'on vient de lire comme une marque du mépris qu'il faisait d'elle.

Celui-ci ne nia pas le billet; mais il prétendit qu'il ne l'avait fait qu'à la suite d'une plaisanterie, et dans la circonstance d'un reproche de jalousie de la part de sa femme.

Sur cette contestation, le Châtelet rendit le 27 février 1693 une sentence par laquelle il priva la femme des droits résultant de ses conventions matrimoniales à cause de l'adultère dont elle était convaincue, et adjugea ces droits, non au mari qui, à cause du billet que nous avons rapporté, fut considéré comme l'auteur et complice du libertinage de sa femme, mais à la fille née de leur mariage.

Les deux époux interjetèrent appel de cette sentence; mais la femme se désista de son appel, et avoua que le billet dont elle avait fait usage au Châtelet pour établir la complicité de son mari n'avait été fait qu'en badinant. En conséquence, le parlement rendit un arrêt le 22 janvier 1702, par lequel il condamna l.

femme adultère à être enfermée à Bicêtre, et déclara adultérins les enfans nés de son commerce avec Eustache Le Noble.

15. Il paraît certain aujourd'hui que les anciens entendaient par adultère tout usage des plaisirs des sens contraires aux vues de la nature. Ce qui nous fait assez connaître quelle idée ils avaient du délit que nous désignons spécialement sous le nom d'adultère.

En effet, il est contraire à toutes les vues que la nature s'était proposées dans l'établissement du mariage; il détruit l'union des époux; il ne leur inspire que de l'aversion pour eux et pour leurs enfans; il enlève au mariage les sentimens qui en font le délice, pour ne lui laisser que les chaînes qui en font le tourment, il fait perdre enfin la pudeur aux femmes, la gloire et le vrai mérite de leur sexe, le frein que la nature leur a donné pour les diriger (1).

(1) Selon Tacite, la femme, après avoir perdu la pudeur, est capable de tous les crimes: *Neque*

16. Le profond Montesquieu enseigne que « toutes les nations se sont égale» ment accordées à attacher du mépris à » l'incontinence des femmes, c'est que la » nature a parlé à toutes les nations; elle » a établi la défense, elle a établi l'atta» que; et, ayant mis des deux côtés des » désirs, elle a placé dans l'une la témé» rité, et dans l'autre la honte. Elle a » donné aux individus des années pour se » conserver, et ne leur a donné pour se » perpétuer que des momens.

» Il n'est donc pas vrai que l'inconti» nence suive les lois de la nature; elle » les viole au contraire. C'est la modestie » et la retenue qui suivent ces lois. »

17. On lit dans Beccaria, que l'adultère, considéré politiquement, a sa source dans les lois variables des hommes et le penchant naturel d'un sexe vers l'autre. Cette attraction constante est semblable

---

fœmina, amissâ pudicitiâ, cætera flagitia abnuerit.

à la pesanteur motrice de l'univers, en ce que, tant que dure son activité, elle a sur toutes les affections de l'âme l'action que la pesanteur exerce sur tous les mouvemens des corps. Elle en diffère en ce que, celle-ci se met en équilibre avec les obstacles qu'elle rencontre, tandis que celle-là prend ordinairement une nouvelle force et augmente avec les difficultés.

Cependant le crime de l'adultère est affreux dans son principe, vil et lâche dans ses moyens, funeste dans ses conséquences, et aux individus et à la société. En brisant les liens du contrat le plus sacré, il dégrade l'infidèle, plonge l'époux malheureux dans un deuil éternel, lui rend ses enfans odieux; étrangers l'un à l'autre, le crime qui fait naître les uns rejaillit sur les autres, et leur enlève un père, pour ne leur laisser qu'une mère indigne de ce nom, et des frères qui usurpent le leur. L'adultère, plus funeste pour la société que le fer sanglant des assassins, attaque sourdement sa base, et parvient à la détruire, en introduisant la corruption générale des mœurs.

18. En France, sous l'empire des lois révolutionnaires, le législateur égaré par l'opinion de certains philosophes, qui, du principe que l'adultère est un crime difficile à réprimer, ont tiré cette conséquence désastreuse qu'il fallait le laisser impuni, avait gardé le silence sur la violation de la foi conjugale.

De nos jours, on a reconnu que la force des empires, consiste principalement dans le maintien des bonnes mœurs, et la lacune dangereuse qui existait dans la législation pénale, a été remplie.

L'adultère sera donc puni parmi nous, soit qu'il ait été commis par la femme, soit qu'il ait été commis par le mari.

A la vérité, on a considéré que l'adultère commis par la femme, était un délit plus grand, parce qu'il entraînait des conséquences plus graves, et qu'il pouvait faire entrer dans la famille légitime un enfant qui n'appartiendrait pas à celui que la loi regarde comme le père.

Le nouveau législateur, en établissant des peines contre l'adultère, n'a point perdu de vue que les lois les plus sages sont celles qui conviennent le mieux au peuple pour lequel elles sont faites ; ainsi proportionnant le châtiment à la nature du délit, il n'a soumis les coupables qu'à une peine correctionnelle (1). Il a mis enfin en corrélation la loi pénale avec la loi civile, et n'a prononcé à l'exemple du Code civil, qu'un emprisonnement par voie de police correctionnelle, de trois mois au moins, et de six mois au plus.

Ecoutons un moment, sur la matière qui nous occupe, M. de Montseignat, dans son rapport au corps législatif.

« Il est, dit-il, une infraction aux

---

(1) Toutefois, dans le cas d'adultère, le meurtre, commis par l'époux, sur la personne de son épouse ainsi que sur le complice, à l'instant où il les surprend en flagrant délit dans la maison conjugale, est déclaré excusable par la loi. Cod. pénal. art. 324. § 2.

mœurs, moins publique, mais presque aussi coupable (1). Si elle ne suppose pas des habitudes aussi dépravées, elle présente la violation de plus de devoirs, c'est l'adultère : placé dans tous les Codes, au nombre des plus graves attentats aux mœurs, à la honte de la morale, l'opinion semble excuser ce que la loi doit punir, une espèce d'intérêt accompagne le coupable, les railleries poursuivent la victime.

» Cette contradiction entre l'opinion et la loi, a forcé le législateur à faire descendre dans la classe des délits ce qu'il n'était pas en sa puissance de mettre au rang des crimes.

» Sans doute, ce délit porte atteinte à la sainteté du mariage que la loi doit protéger et garantir, mais sous tout autre rapport, l'adultère est moins un délit contre la société que contre l'époux qu'il blesse, dans son amour-propre, sa propriété et son amour.

---

(1) Il venait de parler du crime de viol.

» Aussi, le mari a-t-il seul le droit de dénoncer ce délit, et le ministère public ne peut s'immiscer d'office dans sa poursuite.

» Par la nature presque privée de ce délit, ou plutôt par la puissance domestique dont est investi le mari, ce dernier restera toujours le maître d'arrêter l'effet de la condamnation prononcée contre son épouse; il pourra, en la reprenant chez lui se livrer au plaisir de lui pardonner. Il jouira dans toute sa plénitude, du droit de lui faire grâce, et de resserrer les liens de l'amour par ceux de la reconnaissance.

» La peine du délit, dont l'existence ne peut se concevoir sans complice, doit frapper sur ce dernier. Il était équitable de lui infliger le même châtiment que celui de la victime de sa séduction, et de le condamner en outre à une amende pécuniaire (1).

---

(1) Cette amende sera de 100 fr. à 1000 fr. Cod. pénal. art. 338.

» La loi, après avoir donné une garantie à l'époux, devait sans doute offrir à l'épouse délaissée, sinon une réciprocité entière désavouée par la nature des choses et la différence des résultats de l'adultère dans les deux sexes, au moins un moyen pour soustraire à ses regards la présence et le triomphe de sa rivale. Le mari, qui après avoir oublié les sentimens dus à son épouse, méconnaîtrait assez les égards dont elle doit être l'objet, pour entretenir une concubine dans sa maison, sera puni d'une amende de cent francs à deux mille francs; toute action en adultère contre son épouse lui sera interdite. De quel droit le parjure pourrait-il invoquer la sainteté des sermens? »

19. De ce qui précède, il suit: que le mari coupable d'adultère dans la maison conjugale, n'échappera point à l'action de la loi. Par cette disposition salutaire, disparaît cette dangereuse impunité dont les hommes avaient trop long-temps joui contre les règles de l'exacte justice. Ce

point important de notre législation fut agité en 1778 dans le parlement de la Grande-Bretagne, au sujet d'un bill proposé par l'évêque de Landaff, et qui avait pour but de prévenir l'adultère. Il ne sera pas indifférent de recueillir les diverses opinions qui furent émises par les orateurs; elles nous donneront une idée juste des mœurs de ce peuple qui aspire à la domination universelle.

Ce bill de l'évêque de Landaff portait : qu'une femme, après le divorce, ne pourrait se remarier qu'après une année révolue, à dater du jour de la prononciation.

Le comte d'Effingham observa d'abord qu'il serait plus sage d'obliger la femme adultère à épouser douze heures après le divorce le complice de son crime, que de différer pendant une année. « En général, dit-il, rien de si absurde, rien de » si contraire à l'esprit de la saine politique, et en même temps, rien de plus » inutile que de faire des lois contre la » corruption des mœurs, partout où cette » corruption est parvenue au point de

» familiariser les femmes avec l'idée, de
» souiller le lit conjugal, de se prostituer
» à la face de la morale et de la religion :
» il n'est point de lois propres à ramener
» aux idées de décence et de chasteté,
» des esprits qui en sont si étrangement
» éloignés ».

Le comte de Carlisle, en convenant de la corruption générale des mœurs et de la nécessité du bill, dit que pour qu'il répondît suffisamment à son objet, il fallait qu'il comprît LES HOMMES ET LES FEMMES. « Car c'est aux hommes, ajouta-
» t-il, qu'on doit essentiellement attri-
» buer et la fréquence de l'adultère, et
» la multitude des divorces que ce crime
» occasionne. Il y a de la rudesse, pour
» ne pas dire de l'injustice, dans l'idée
» qui sert de fondement à la loi propo-
» sée. Tout bill dont l'objet est de ré-
» primer quelque vice, ne devrait pas
» être une satire de l'une ou de l'autre
» partie de la création ; il doit être géné-
» ral dans son étendue, égal dans ses con-
» séquences.

» Je suppose même, que l'on ne me

» passe pas l'assertion que j'ai faite, que
» l'on doit essentiellement attribuer la
» fréquence de l'adultère à la conduite
» des hommes : on m'accordera du moins
» qu'à cet égard, les hommes méritent
» autant d'être blâmés que les femmes,
» que par conséquent, de deux portions
» qui composent le genre humain, cha-
» cune doit prendre pour son lot la moi-
» tié de la censure. »

Le lord chancelier convint de la maxime, que lorsqu'un esprit est assez dépravé pour secouer les devoirs que prescrit la morale, on s'efforcerait en vain de rectifier les dispositions naturellement vicieuses par une loi expresse.
« Il n'en est pas moins vrai cependant,
» ajouta-t-il, que lorsque les crimes con-
» tre les mœurs sont portés à un tel
» excès, qu'ils deviennent un objet de
» notoriété publique, l'interposition du
» pouvoir législatif devient non-seulement
» expédient, mais même nécessaire. Il
» faut une peine pour arrêter la DÉPRA-
» VITÉ dans ses progrès, pour forcer les
» dépravés à circonscrire leur conduite,

*

» de manière que leurs mauvaises mœurs » n'aient point d'influence sur les mœurs » d'autrui, et que le crime ne soit pas » encouragé par l'impunité. »

Après les plus sérieuses discussions sur cette matière importante, le bill passa tel qu'il avait été proposé par l'évêque de Landaff.

20. L'adultère sous le rapport de l'ordre public, semble ne mériter aucune réflexion sérieuse. En effet, nous avons vu que le magistrat n'en prenait connaissance que sur la plainte du mari, d'où il suit qu'on ne le considère pas comme un délit propre à exciter la vigilance des lois, et à sévir publiquement contre lui. Les officiers du ministère public n'ont aucun droit d'inspection dans les familles, ils ne sont point chargés d'y entretenir l'ordre et de prévenir les délits cachés; le mari en est le chef, et comme tel, s'il est offensé, il a seul le droit de se plaindre.

D'après ces règles, les magistrats doivent même avant de procéder sur les plaintes qu'ils reçoivent, employer tous les moyens de conciliation; ils doivent se défier d'un premier moment de fureur de la part du mari outragé; ils doivent craindre qu'un soupçon souvent injuste n'ait armé sa colère et ne l'ait déterminé à la vengeance; ils doivent d'un coup-d'œil embrasser l'énormité du crime, et les suites funestes de la punition; il doivent envisager le sort des enfans, si leur mère est convaincue, et tout à la fois le sort de l'époux, de l'épouse et des enfans, si une jalousie mal fondée, si des apparences trompeuses avaient aigri l'époux et dirigé ses poursuites.

21. De ce qui précède, il suit évidemment que l'adultère est un délit qui intéresse principalement la personne du mari, et qui n'est pas mis au rang de ceux qui blessent les droits de la société.

On peut se demander néanmoins, si, lorsque l'ADULTÈRE devenu trop commun paraît une prostitution publique, qu'il porte le scandale dans la société d'une manière éclatante, les magistrats ne sont pas autorisés à poursuivre la répression des coupables.

Le législateur garde le silence le plus absolu sur le point qui nous occupe; il s'est borné à porter une disposition générale, par laquelle les individus qui attenteraient aux mœurs, en excitant, favorisant ou facilitant habituellement la débauche ou la corruption de la jeunesse, de l'un ou l'autre sexe au-dessous de l'âge de vingt ans, seront punis d'un emprisonnement de six mois à deux ans, et d'une amende de cinquante francs à cinq cents francs (1).

Toutefois, en calculant les degrés de bassesse dans l'infâme métier de ces êtres, qui, rebut des deux sexes, se font un état de leur rapprochement mercenaire, il a reconnu que ceux-là, sans doute, sont les plus méprisables, qui serviraient ou exciteraient la corruption des personnes placées sous leur surveillance ou leur

(1) Cod. pénal. art. 334.

tutelle, et notamment ces pères et ces mères, qui, abusant du dépôt précieux que la nature lui a confié, spéculeraient sur l'innocence qu'ils sont chargés de protéger et de défendre, échangeraient contre de l'or la vertu de leurs enfans, et se rendraient coupables d'un infanticide moral. Par suite de ce principe, la loi leur inflige de deux ans à cinq ans d'emprisonnement, et de trois cents francs à mille francs d'amende (1).

Abstraction faite de ces peines, les individus en général qui se seront rendus coupables d'attentat aux mœurs, en colportant le vice et alimentant la corruption, seront interdits de toute tutelle et curatelle, et de toute participation aux conseils de famille, pendant deux ans au moins et cinq ans au plus.

Si le délit avait été commis par le père ou la mère, ils seraient privés des droits et avantages que la loi civile leur accorde sur la personne et les biens de leurs en-

(1) Cod. pénal. art. 334.

fans; ils seraient interdits de toute tutelle et curatelle, et de toute participation aux conseils de famille, pendant dix ans au moins et vingt ans au plus.

Les coupables dans quelque classe qu'ils se trouvent, pourront en outre être mis par l'arrêt ou le jugement, sous la surveillance de la haute police (1).

En examinant avec quelque attention les dispositions pénales, qui, sous l'empire des lois qui nous régissent, peuvent atteindre les individus convaincus d'avoir attenté aux bonnes mœurs, il est facile de se convaincre que le cas qui résulte de la question que nous avons posée ci-dessus, n'a pas été prévu.

Sans doute, il était difficile de penser qu'un époux pût livrer lui-même à la prostitution la compagne qu'il s'était donnée. Sans doute que le législateur devait se révolter à la seule pensée d'un tel crime. Mais il est cependant dans l'ordre des choses possibles, et c'est avec

(1) Cod. pénal. art. 335.

douleur qu'on ne peut se dissimuler, qu'il est dans la société des êtres qui, parvenus au dernier degré de démoralisation, favorisent la débauche de leurs femmes, et jouissent au sein de la honte et de l'oisiveté, de l'indigne fruit qu'ils retirent de leur criminelle complaisance.

Il est à cet égard des exemples affreux que l'honnêteté publique nous défend de recueillir dans cet ouvrage; il en est un cependant que nous rapporterons après Bayle, il est de nature à intéresser tous nos lecteurs.

« Un certain homme ne portant pas à l'épargne la livre d'or à laquelle il avait été taxé, fut mis en prison par *Acindymus*, qui lui jura qu'il le ferait pendre, s'il ne lui donnait cette somme au jour qu'il lui marquait.

» Le terme allait expirer sans que ce pauvre homme se vît en état de satisfaire le gouverneur; il avait à la vérité une belle femme, mais qui n'avait point d'argent; ce fut néanmoins de ce côté-là, que l'espérance de sa liberté lui apparut.

» Un homme fort riche, brûlant d'amour pour cette femme, lui offrit la livre d'or d'où dépendait la vie de son mari, si elle voulait lui accorder une nuit, ou comme dit Saint-Augustin, SI EI MISCERI VELLET. Cette femme instruite par l'écriture que son corps n'était point sous sa puissance, mais sous celle de son mari, communiqua au prisonnier les offres du galant et lui déclara qu'elle était prête de les accepter, pourvu qu'il y consentît, lui qui était le véritable maître du corps de sa femme ; et s'il voulait bien racheter sa vie aux dépens d'une chasteté qui lui appartenait tout entière et dont il pouvait disposer.

» Le mari loua fort la conduite de sa femme, et lui ordonna d'aller consommer le sacrifice. Elle le fit : on lui donna bien l'argent qu'on lui avait promis, mais on le lui ôta adroitement, et puis on lui donna une autre bourse où il n'y avait que de la terre.

» La jeune femme de retour à son logis n'eut pas plutôt aperçu cette tromperie qu'elle s'en plaignit publiquement; elle en demanda justice au gouverneur et lui raconta le fait d'une manière fort ingénue. ACINDYMUS commença par se déclarer coupable, puisque ses rigueurs et ses menaces avaient fait recourir ces bonnes gens à de tels moyens. Il se condamna lui-même à payer au fisc la livre d'or; ensuite il adjugea à la femme le domaine où avait été prise la terre qu'elle avait trouvée dans la bourse.

» Saint-Augustin n'ose traiter cette conduite D'ADULTÈRE, et penche beaucoup plus à l'approuver qu'à la condamner. *Nihil hic in alteram partem disputo; liceat cuique æstimare quod velit.* » Lib. 1 DE SERMON. DOM. IN MONTE, chap. 16.

En général, il faut penser que le délit qui résulte de l'adultère n'est pas *crimen per se*, comme disent les Scholiastes, mais *secundum quid*, en d'autres termes, qu'il n'y a véritablement adultère que lorsque les droits du mari sont blessés, *illo non permittente*. Voyons encore quelle est sur ce point l'opinion de Saint-Augustin, *scrupulosius disputare potest, utrum illius mulieris pudicitia violaretur, etiam si carni ejus quis-*

quam commixtus foret, cum id in se fieri pro mariti vita, nec illo nesciente sed jubente permitteret nequaquam fidem deserens conjugalem, et potestatem non abnuens maritalem. CONTRA FAUST. MANICH. lib. 22, c. 37.

D'après ces principes, on peut conclure que le législateur a voulu jeter un voile sur les désordres des femmes prostituées par leurs maris.

Il a considéré que, si d'une part ces exemples étaient rares, ceux qui les donnaient à la société n'osaient jamais renoncer à un dernier reste de pudeur, qui les rendait moins dangereux.

22. Nous avons déjà vu qu'avant 1789, la femme condamnée pour adultère et enfermée dans un couvent, pouvait, après la mort de l'époux qu'elle avait outragé, obtenir sa liberté en convolant en secondes noces. On nous a demandé sur ce point, en 1811, si la femme dont le divorce avait été prononcé pour fait d'adultère pouvait, après dix mois de

réclusion révolus, s'affranchir de sa peine en épousant un second époux.

Nous avons répondu que, dans ce cas, la peine de l'emprisonnement ayant été requise par le ministère public, conformément à la loi civile (1), le droit de faire grâce n'appartenait qu'à la personne du souverain; que par suite, nul magistrat ne pouvait ordonner la révocation d'une peine prononcée en connaissance de cause. D'où il suit, que la femme condamnée ne pouvait convoler, qu'après avoir subi le temps de sa réclusion.

Il y a cependant une distinction à faire. Elle est prise dans la nature des choses.

Le mari a deux actions pour poursuivre sa femme adultère.

La première a pour objet de suspendre par la séparation de corps, les effets du lien qui l'unissait à elle; cette action est portée devant les tribunaux civils. Et si, outre l'admission de la séparation

(1) Cod. civil. art. 298.

de corps, il intervient une peine contre la femme, c'est toujours par le ministère public qu'elle est provoquée au nom de la société. Dans ce cas, le souverain seul a le droit de faire grace. L'interposition du mari ne peut rien pour changer le sort de la femme adultère.

La seconde a pour objet, la punition d'une épouse criminelle. Le mari ne demande point à suspendre les effets du lien conjugal, il se borne à solliciter la vengeance des lois. L'action du ministère public se réunit alors à celle de l'époux outragé, mais le châtiment qui frappe la coupable peut être remis par la seule personne intéressée, et nous avons démontré que le mari seul avait intérêt dans une action de cette nature. Mais le pardon du mari est subordonné à la continuation de la société conjugale (1). Il faut qu'il reprenne dans sa maison son épouse infidèle, qu'il use d'une entière indulgence envers la mère de ses enfans.

(1) Cod. pénal. art. 337.

La loi ne prononce la révocation de la peine, qu'à cette seule condition.

23. Au reste, lorsque l'adultère de la femme a été commis contre son gré et par violence, elle n'est point coupable, et par conséquent elle n'est passible d'aucune peine; mais dans ce cas, il faut impérieusement que la violence soit prouvée, et même qu'elle ait été de nature à n'offrir à la femme aucun moyen de se défendre.

En 1812, une cause singulière a été portée devant les tribunaux. Un mari demandait à être admis à faire prononcer le divorce contre sa femme pour cause d'adultère.

La défenderesse convenait qu'effectivement elle avait blessé l'amour-propre de son époux, mais avec cette restriction, qu'elle y avait été contrainte par la violence.

Invitée à faire le récit des diverses circonstances qui avaient précédé la consommation de l'adultère;

Elle prétendit que, surprise par un

proche parent de son mari pendant la nuit, au moment où seule dans sa chambre, elle était dans le plus grand désordre, elle s'était trouvée dans la douloureuse alternative de céder, ou d'armer son époux contre son jeune parent, de produire un éclat scandaleux aux yeux des domestiques, et de publier en quelque sorte son déshonneur, puisque son séducteur ne s'était introduit dans sa maison et dans sa chambre qu'à la faveur d'une clef qu'il avait eu l'adresse de lui dérober.

Ce moyen de défense ne fut point accueilli; trois témoins univoques ayant déposé qu'il existait depuis long-temps des intelligences secrètes entre la défenderesse et le jeune parent, que le jour de la consommation de l'adultère, l'épouse avait feint de bonne heure une indisposition pour éloigner son mari et sa femme-de-chambre. Les juges demeurèrent convaincus qu'aucune violence n'avait été exercée, et en conséquence ils autorisèrent l'époux à se retirer devant l'officier de l'état civil pour faire prononcer le divorce, et ils condamnèrent l'épouse, sur la réquisition du ministère public, à un an de réclusion.

24. Observons que l'erreur est une excuse légitime dans la femme; lorsque par surprise, un autre que son mari a eu commerce avec elle, on ne doit pas la punir, parce que c'est la volonté qui fait le crime, mais il faut que la femme prouve l'erreur parce que la présomption est contre elle,

25. La fréquence de l'adultère est produite principalement par le luxe et la mauvaise éducation,

La femme possède de bonne heure tous les talens frivoles; condamnée par la nature à une soumission, à une espèce de servitude imposée par les devoirs de la maternité, par l'effet des leçons qu'elle reçoit en entrant dans le monde; elle ne voit cependant dans son futur époux que le jouet de ses caprices et de ses volontés. Douce, retenue, modeste avant le mariage, elle se montre tout-à-coup, après en avoir serré les nœuds, impérieuse, légère, inconsidérée.

Elle veut commander dans la société, mais c'est un état violent pour elle, son exercice est-il aussi bien mal rempli, elle fait usage de trop peu de fermeté ou d'un excès de rigueur qui tient à sa faiblesse et à son irritabilité.

L'éducation physique des enfans est tout ce qu'il lui importe de connaître pour devenir un jour bonne épouse et bonne mère.

Mais, je crois entendre déjà quelques personnes s'écrier à l'injustice. Eh!....... pourquoi, disent-elles, ne pas rendre commun aux hommes et aux femmes le même genre d'éducation?

Nous répondrons qu'il ne peut convenir au bonheur des deux sexes d'avoir les mêmes principes et de posséder les mêmes talens. Ils ne doivent pas en effet tenir la même conduite dans la vie; ils ont chacun des devoirs à remplir, des maux physiques d'une nature différente à supporter, et ce qui ferait un excellent esprit d'homme, ferait souvent une femme détestable et malheureuse.

L'âge brillant de la jeunesse chez les femmes, s'écoule au sein des plus innocens plaisirs, la musique, la danse, l'attrait de la parure occupent tous leurs instans. Elevées dans des maisons, que dirigent pour la plupart des *dames* qui ne furent jamais ni épouses ni mères, on leur apprend tout ce qu'elles pourraient et devraient ignorer peut-être, et on éloigne d'elles jusqu'à l'idée des devoirs austères qu'elles auront un jour à remplir.

Des couronnes nombreuses ont été la récompense des efforts qu'elles ont faits pour se distinguer dans l'exercice d'un instrument, dans l'exercice de la danse, de la broderie, du dessin; mais on n'applaudit point aux sentimens d'amour, de reconnaissance et de tendresse qu'elles ont fait paraître pour leurs parens. Les éloges sont donnés à la tournure, à l'élégance, et ces impressions délicieuses qui peignent si bien une âme honnête et sensible, sont à peine remarquées; que dis-je, souvent on les détruit en les couvrant de ridicules.

L'éducation première est terminée, la fille rentre dans la maison paternelle; tout est formé chez elle à l'exception de son esprit et de son cœur. On l'introduit dans la société. Quels exemples y voit-elle? le luxe s'y présente à ses yeux avec tous ses attraits. Elle n'ignore pas que l'état d'épouse doit l'affranchir de la dépendance où la nature l'a placée; et bientôt elle éprouve le désir de plaire sans éprouver le besoin d'aimer. Dans la foule des adorateurs que sa danse brillante a fixés auprès d'elle, vous ne la verrez pas s'appliquer à découvrir celui dont les vertus, les soins empressés, la tendresse pourraient assurer son bonheur. Séduite par son imagination, par les préjugés qui ont étouffé chez elle les sentimens naturels, elle cherchera l'homme dont la fortune et l'esprit dissipé peuvent assurer son indépendance et son empire, elle ne consulte point son cœur pour donner sa main, et bientôt épouse coupable, elle viole des devoirs qu'on ne s'était point attaché à lui faire connaître; elle fait le malheur de son époux, le désespoir d'un père et la honte de la société. Oh vous! la plus belle partie de la création, femmes voulez-vous remplir la destination à laquelle vous êtes appelées; n'écoutez que la voix de la nature, cédez aux impressions premières qu'elle vous fera éprouver, foulez aux pieds les vains plaisirs qu'enfantent le luxe et la mollesse, ne soyez point savantes, mais soyez instruites; que les arts d'agrément ne soient qu'un amusement pour vous, et si vous avez des désirs à former, n'ambitionnez que les vertus, qui font l'ornement et le charme véritable de votre sexe.

26. Dans le nombre des causes qui portent l'adultère dans les familles, nous croyons devoir indiquer l'attrait que les hommes de nos jours ont pour le célibat. Froids, égoïstes, ils tiennent aux jouissances qu'ils se sont créées, ils redoutent les liens du mariage; et, ne pouvant être

heureux dans leur affreuse solitude, ils vont porter la corruption dans la société. Étrangers aux sentimens de l'amitié, ils violent sans rougir l'hospitalité que leur offre la confiance; pour s'arracher à l'ennui qui les dévore, pour s'étourdir un moment sur leur triste nullité, ils font naître la discorde dans un ménage, ils flattent la vanité de l'épouse, ils ridiculisent la fidélité conjugale, ils calomnient l'époux, profitent d'un moment de faiblesse, et disparaissent après avoir porté le déshonneur dans le lit d'un ami.

Ne faudrait-il pas sévir contre ces coupables? Ne faudrait-il pas accabler d'impôts celui qui, ne faisant rien pour la société, s'applique encore à lui devenir funeste? J'abandonne ces réflexions à la sagesse des législateurs.

27. On doit convenir aussi qu'en général la condition des femmes qui se respectent est bien malheureuse. On se permet à leur égard un genre de calomnie qui n'est pas défendu par les lois, et, selon la remarque d'un profond écrivain,

c'est ici un exemple de la tyrannie que nous exerçons contre elles.

Nous voulons qu'elles aient des yeux pour ne rien voir, des oreilles pour ne rien entendre, un cœur pour ne rien sentir. Nous nous faisons une étude de l'art de leur inspirer des désirs, pour mieux exercer leur sensibilité, nous nous efforçons de remuer au fond de leur âme les plus secrets sentimens. Ont-elles un instant de faiblesse? bientôt nous leur en faisons un crime, tandis que nous tirons gloire des artifices que nous avons employés.

Quelque odieux que soient ces procédés, il en est de plus odieux encore: car, pour flatter notre sotte vanité, ou nous venger de n'avoir pu toucher leur cœur, nous n'avons pas honte d'alarmer cette même pudeur qu'elles ont refusé de nous sacrifier, et nous nous faisons un jeu de les perdre de réputation. Combien se vantent d'avoir eu les dernières faveurs de femmes qu'ils n'ont jamais vues! Aucune n'échappe à leur malignité, pas même celles dont le caractère semblait devoir les mettre à couvert d'une pareille insulte : ainsi telle qui fait l'ornement de sa patrie se voit perdue de la sorte par des misérables qui en ont fait la honte.

Une femme ne saurait avoir dans ce monde d'autre récompense de sa vertu qu'une bonne réputation : mais, s'il n'y a rien à gagner pour elle à être vertueuse, comment prétendre qu'elle le soit?

Un jour de calomnie pour une femme demande des années entières pour l'effacer. Ses blessures, si elles ne sont pas entièrement incurables, laissent du moins des cicatrices qui, quelquefois, passent d'une génération à l'autre; ses coups frappent sur la personne, sur les enfans, sur la famille et la postérité.

Ce crime est au moral ce que l'empoisonnement est au physique, et celui qui s'en rend coupable ne saurait être puni avec assez de rigueur.

28. La preuve de l'adultère de la femme peut être acquise comme celle de tous les autres délits. Il est même à observer que la difficulté de fournir une

preuve de cette nature, a souvent fait admettre des présomptions qui, dans toute autre accusation, auraient été rejetées.

L'époux outragé pourra donc faire entendre des témoins, qui aient vu commettre le crime. Il pourra proposer une réunion d'indices et faire usage même de présomptions, lorsqu'elles seront fortes et violentes, pour convaincre les magistrats de la justice de ses plaintes.

Les témoins nécessaires doivent être admis pour prouver l'adultère; sans cette disposition, les coupables échapperaient toujours à l'action de la loi.

Toutefois, il est à observer que les témoignages des domestiques ne forment qu'un indice, et non pas une preuve complète.

Nous citerons à cet égard un exemple: un sieur Dupré, danseur à l'Opéra, rentrant dans sa maison à une heure après minuit, surprit sa femme et un particulier qui sortaient du lit en chemise. Ils avaient été éveillés par la voix d'un petit chien qui aboya lorsqu'il entendit son maître.

Dupré ne pouvant douter de l'adultère de sa femme, intenta accusation contre elle.

Il produisit pour témoins le laquais de la maison et la cuisinière, mais les juges ne prononcèrent la condamnation contre la femme, que sur la déposition d'un ami du mari, qui corrobora les dires des deux témoins nécessaires.

Le Parlement de Paris confirma, par arrêt du 31 juillet 1745, la sentence du Châtelet qui condamnait la femme Dupré aux peines de l'authentique.

Il n'est pas douteux que la meilleure preuve que le mari puisse acquérir de l'infidélité de sa femme, c'est le flagrant délit. Il est même vrai de dire que la plupart des accusations de cette nature qui ont été portées devant les tribunaux, présentaient cette circonstance.

Il est rare, en effet, qu'un époux se détermine à déshonorer la mère de ses enfans, à la poursuivre en justice, et à appeler sur sa tête la vengeance des lois, à moins qu'il n'ait été, pour ainsi dire, le témoin de son injure. N'y aurait-il pas de l'imprudence à diffamer publiquement une femme qui ne serait accusée que par les apparences? L'époux ne se rendrait-il pas coupable de la plus funeste précipitation, si sur de vains ouï-dires, il doutait du cœur de son épouse; si sur des soupçons souvent insignifians, il la jugeait coupable d'avoir violé la foi conjugale?

29. Puisque le législateur a voulu frapper la tête du complice de l'adultère de la femme, de la même peine que celle qui sera infligée à la victime de sa séduction, il importait de fixer la nature des preuves qui pourront être admises, pour établir une complicité que la malignité se plaît trop souvent à chercher dans des indices frivoles, des conjectures hasardées ou des rapprochemens fortuits. Après les preuves du flagrant délit, les tribunaux ne pourront admettre que celles qui résulteraient des lettres ou autres pièces écrites par le prévenu (1); c'est dans ces lettres, en effet,

(1) Cod. pénal. art. 338.

que le séducteur dévoile sa passion et laisse échapper son secret.

Il peut se présenter ici une difficulté grave, elle consiste à savoir : si lorsque les lettres produites contre un individu accusé de complicité dans un procès pour fait d'adultère, seront déniées par lui, on pourra recourir à la vérification par experts ?

Déjà, plusieurs docteurs ont démontré combien, en général, ce genre de preuve était frivole et dangereux.

Ils ont établi qu'en matière criminelle, on n'en pouvait faire usage à moins qu'il ne s'agît du crime de faux, et par suite de cette opinion, nous pensons que dans l'espèce ci-dessus proposée, les lettres et autres pièces attribuées au prévenu, ne devront point être soumises à la vérification par experts, mais que la preuve du fait de l'écriture pourra être acquise par la déposition des témoins.

Il est incontestable que la loi, en portant une peine contre le complice de l'adultère, a voulu punir un séducteur, qui, abusant de son ascendant sur le caractère faible et facile d'une mère de famille, l'aurait entraînée loin de ses devoirs.

Supposons donc que le complice de l'adultère dénoncé s'échappe à peine des liens de l'enfance : supposons que séduit lui-même par une femme débauchée, il ait oublié pour la première fois les principes de la vertu.

Est-ce que dans ce cas les tribunaux devraient prononcer la peine portée par la loi? Cette question est infiniment délicate ; le législateur n'a établi aucune distinction, et adoptant la règle *ubi lex non distinguit*, nous ne distinguerons pas plus que la loi.

30. La plainte d'adultère du mari ne peut être faite que par la femme, seule offensée; elle a seule le droit de poursuivre la réparation de l'outrage qu'elle a reçu ; mais une plainte de cette nature n'est recevable que lorsque l'époux a souillé la maison conjugale, en y entretenant sa concubine.

En effet, lorsqu'un mari pousse l'impudeur jusques à souffrir sa concubine dans sa maison, lorsqu'il pousse la barbarie jusques à présenter à sa vertueuse épouse le spectacle continuel de son infidélité, lorsqu'il offre à ses regards l'odieux objet qui lui dispute la tendresse du père de ses enfans, le délit est notoire, et le temple de la justice devait s'ouvrir aux cris d'une épouse délaissée, il était du devoir du magistrat de l'entendre et de la venger.

Dans tout autre cas, on a senti que les recherches pourraient dégénérer en inquisition.

On peut observer que cette disposition de la loi pénale s'accorde parfaitement avec la loi civile qui ne permet à la femme de demander la séparation de corps pour cause d'adultère de son mari, qu'autant qu'elle peut établir que la concubine est entretenue dans la maison conjugale.

31. Sous l'empire de nos anciennes lois, la condamnation de la femme, pour

cause d'adultère, ne la rendait pas incapable des effets civils; il en est de même aujourd'hui parmi nous, la femme adultère conserve, pendant et après sa punition, tous les droits de cité. Elle pourra donc, si la séparation de corps a été prononcée contre elle, donner et recevoir, aliéner et acquérir.

Il n'est pas nécessaire d'ajouter ici que la condamnation du complice ne suspend aucun de ses droits civils ni politiques; cette règle s'applique à plus forte raison au mari, condamné à l'amende sur la plainte de sa femme.

32. L'action du mari contre la femme, pour crime d'adultère, se poursuivait, selon *la loi Julia*, par cinq ans à dater du jour où le crime avait été commis.

Avant 1789, la même prescription de cinq ans avait lieu à l'égard de celui qui avait commis l'adultère avec la femme, et il ne pouvait plus être poursuivi après ce temps, ce qui était une suite de ce que l'action, que le mari avait contre lui, était inséparable de celle qu'il avait contre sa femme. Mais cette prescription s'interrompait par la plainte rendue dans les cinq ans, à la différence de ce qui se pratiquait à l'égard des crimes dont la prescription ne s'acquérait que par vingt années.

Quoique l'action d'adultère se prescrivît par cinq ans, elle n'était pas, néanmoins, prescrite par ce laps de temps, lorsque l'adultère était opposé par voie d'exception, ce qui est une preuve que la présomption de cinq ans, admise en France, d'après la disposition de *la loi Julia*, était moins une véritable prescription qu'une présomption que le mari avait pardonné à sa femme, et s'était réconcilié avec elle.

De nos jours, le mari serait admis à se plaindre, même après l'expiration de cinq ans, à dater du jour de la consommation de l'adultère.

FIN.

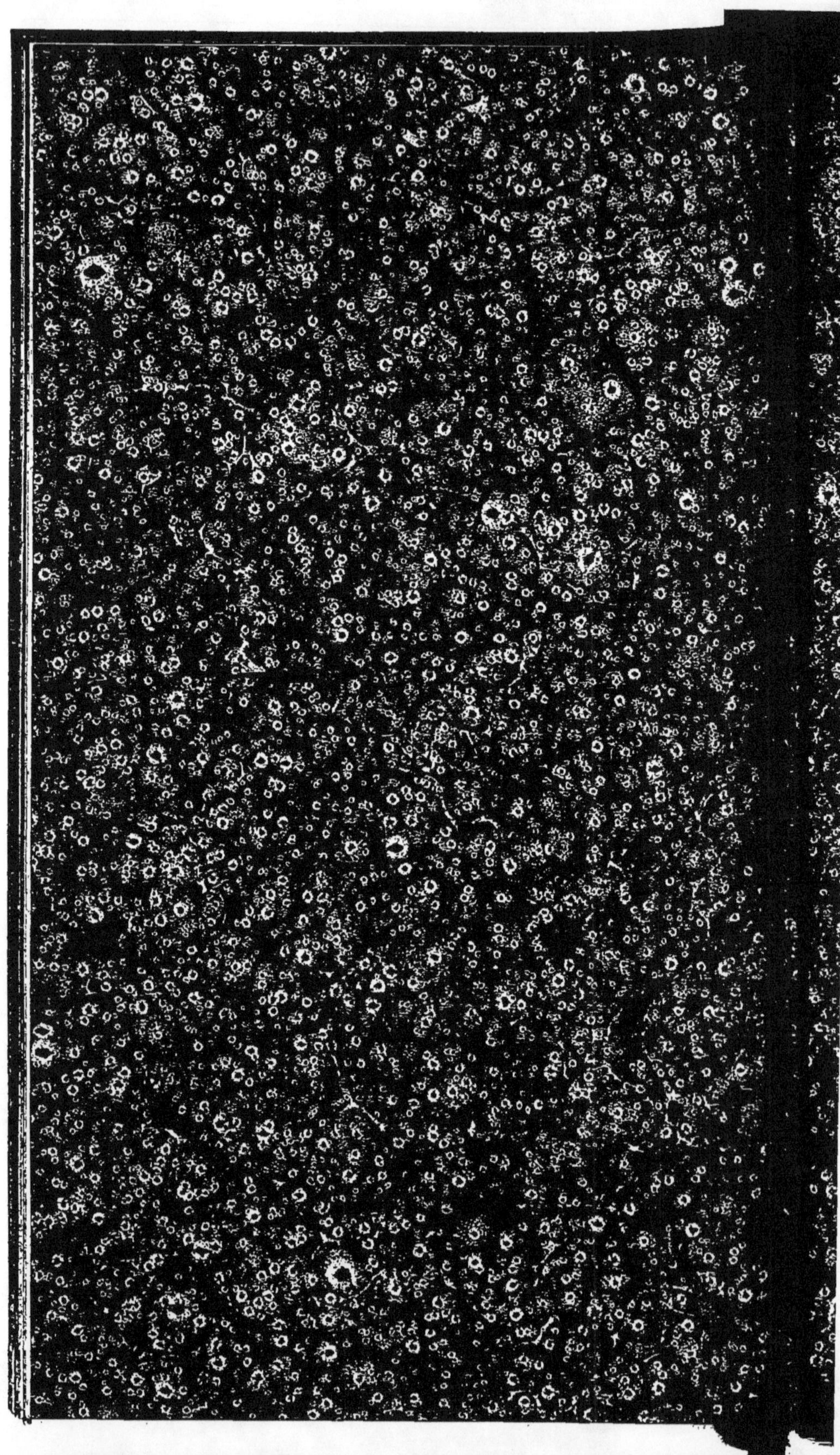

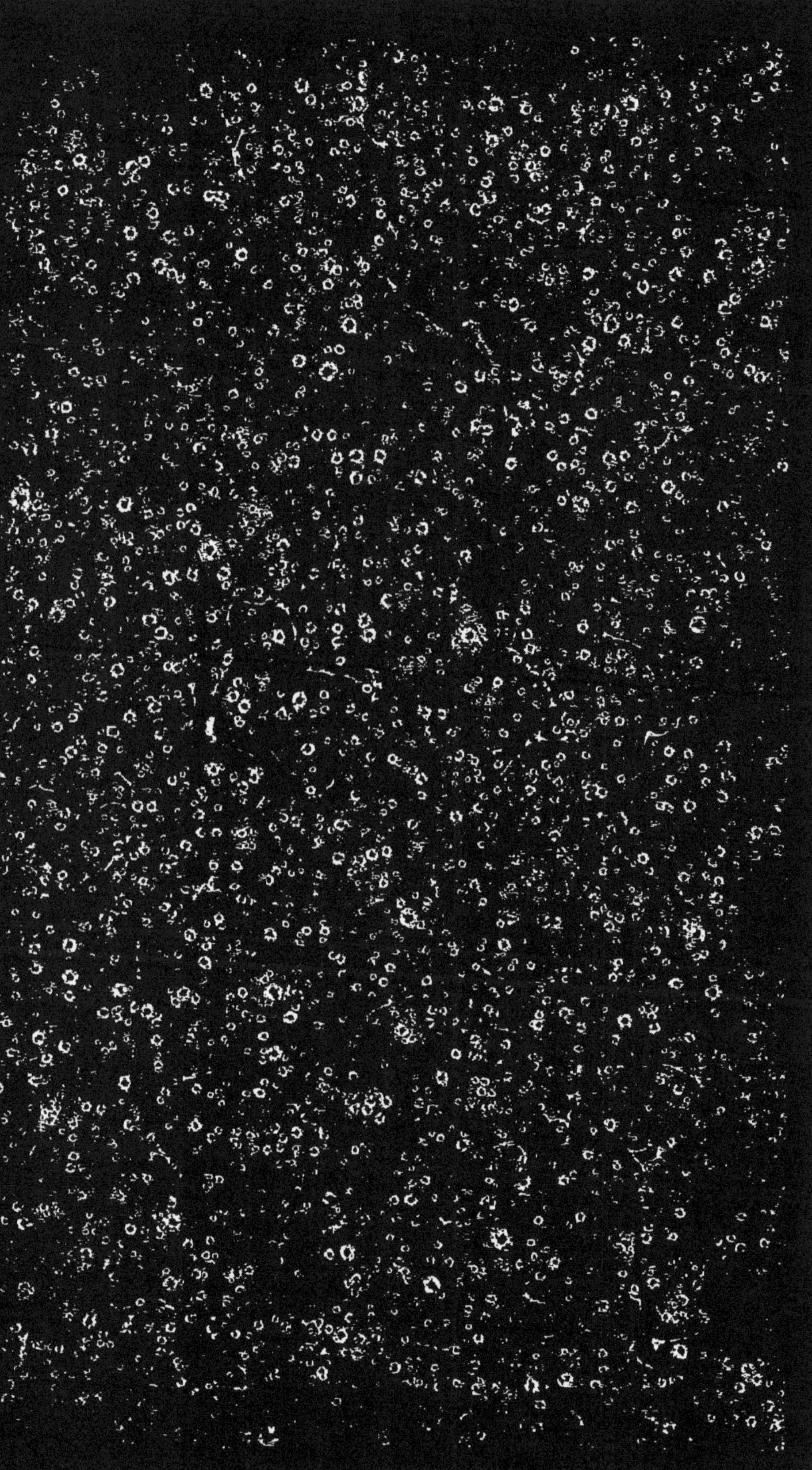

www.ingramcontent.com/pod-product-compliance
Lightning Source LLC
Chambersburg PA
CBHW071635200326
41519CB00012BA/2305

* 9 7 8 2 0 1 9 5 9 0 2 2 2 *